LA POSTE
DES CALIFES
ET LA
POSTE DU SHAH

PAR

PAUL HUGOUNET.

PARIS
UNION GÉNÉRALE DE LA LIBRAIRIE
CH. BAYLE ET Cie,
ÉDITEURS,
11, rue de l'Abbaye.

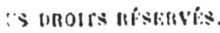

TOUS DROITS RÉSERVÉS.

LA POSTE DES CALIFES
ET
LA POSTE DU SHAH

DU MÊME AUTEUR

Le Timbre-Poste. — L'histoire et l'anecdote. In-18 (épuisé).

Les Champs de Bataille de 1870. — I. Freschwiller. In-8°.

POUR PARAITRE PROCHAINEMENT.

La Poste aux armées en France et en Allemagne. 1 vol. in-18.

LA POSTE DES CALIFES

ET

LA POSTE DU SHAH

PAR

PAUL HUGOUNET

PARIS
UNION GÉNÉRALE DE LA LIBRAIRIE
CHARLES BAYLE ET Cie ÉDITEURS
10 ET 11, RUE DE L'ABBAYE, 10 ET 11

1884

LA POSTE DES CALIFES
ET
LA POSTE DU SHAH

A M. Dhéré.

CHAPITRE PREMIER.

La Poste et ses historiens. — Une lacune. — Comment elle a été comblée en Allemagne. — Alexandre le Grand et M. Jurien de la Gravière. — Les courriers de Macédoine. — M. K. Thieme et les *Archiven*. — La Poste des Califes.

« La Poste, dit quelque part notre maître et ami, M. Pierre Zaccone, joue le rôle d'une véritable artère dans l'économie du corps social. En quelque partie du monde qu'elle se manifeste, interrogez-la, comptez le nombre de ses pulsations, observez l'état de la circulation qu'elle favorise et vous saurez bientôt ce que vaut ce sang, cette vie à laquelle elle sert d'organe de transmission. Comme beaucoup d'autres institutions, elle est née du besoin des relations... elle a existé partout sous une forme ou sous une autre, mais elle n'a été érigée en administration que par les Perses et par les Romains dans l'antiquité. »

Malgré cette existence générale, toutes les fois qu'il était question de l'histoire de la Poste on omettait une partie des origines, on négligeait une source importante d'information. Sans doute on citait un verset de la Bible, un passage de Xénophon, un fragment d'Hérodote, sans doute on parlait du *Cursus publicus*, mais c'était pour passer bien vite à Charlemagne et à Louis XI, à l'Occident en général, à la France en particulier.

Et ainsi restait dans l'ombre l'Orient tout entier avec son immense empire des Arabes, avec sa civilisation si patiemment restaurée par M. G. Lebon et ses guerriers qui, non contents de soumettre deux parties du monde, donnaient en passant leur nom aux montagnes et aux forteresses (1).

Je ne m'étonne donc point que des chercheurs aient songé à ce coin inexploré; je regrette seulement de ne pouvoir saluer en eux des compatriotes.

C'est, en effet, en Allemagne, que MM. Franz Ilwolf et Karl Thieme ont publié les curieux travaux auxquels j'ai dû, dans la première partie de cette étude, faire de fréquents emprunts. M. Ilwolf remonte aux époques les plu

---

(1) Djebel al Tarik, Gibraltar.

reculées et dans sa courte notice sur le *Postwesen*, il considère l'empire Macédonien tel que le firent les conquêtes d'Alexandre (336 à 323 av. J.-C.). Une grande route postale traversait déjà alors une partie de l'Asie occidentale, de Sardes à Suse. Elle comptait cent onze stations ou relais partagés en six sections.

La première section, comprenant vingt stations, partait de Sardes, traversait la Lydie, la Phrygie et la Cappadoce, et s'arrêtait aux rives de l'Halys (Kizil-Ermak); la seconde égrenait vingt stations, des bords de l'Halys aux passes de Cilicie; la troisième remontait au N.-O. vers l'Euphrate par treize stations. Puis la route descendait au sud et atteignait, en vingt-quatre relais, à travers l'Assyrie, les frontières de Susiane. Enfin, de ces frontières aux bords du Choaspe et aux portes de Suse, les onze stations de la sixième section complétaient le total indiqué. Sans doute, cette longue route de 337 milles s'écartait de 47 milles du parcours en ligne droite, mais elle évitait, dans son tracé capricieux, les plaines désertes de l'Arabie et de la Mésopotamie. La distance totale de Suse à Sardes ne pouvait être franchie par un courrier à cheval qu'en cinq ou six jours; il en fallait quatre-vingt-dix à un courrier à pied faisant, par jour, plus de 3 milles (3.75).

M. Ilwolf s'arrête là et on peut se demander s'il en a le droit.

En Orient comme en Occident, ce n'est que peu à peu que la route stratégique est devenue la voie postale. Le relais, *mansio* ou *sikka*, a été étape avant d'être bureau de poste ; le soldat, Romain ou Perse, a partout précédé le courrier. Souvent même il a déposé son carquois ou sa lance et est devenu le propre ouvrier de ces voies merveilleuses dont les puissants vestiges provoquent encore de nos jours l'admiration de nos ingénieurs. Je crois donc qu'à la route signalée par M. Ilwolf il faudrait ajouter certaine partie de la voie suivie par Alexandre lui-même. En effet, si, des bords du Granique à Hécatompylos, le chemin de la conquête se confond souvent avec l'itinéraire décrit par l'auteur allemand, il s'en écarte souvent aussi, car le cœur d'Alexandre a contre Tyr des rancunes que la Poste ignore et le conquérant obéit avec son armée immense à des nécessités auxquelles échappent le courrier ou l'estafette. Mais cette route de Sardes à Suse, une autre route la continuait : c'est celle qui, sur une longueur de 550 kilomètres, conduisait de Suse à Ecbatane par Persepolis. Comme la précédente, elle a dû avoir ses relais, posséder ses courriers et devenir, entre les mains du conquérant macédonien, une maille du réseau dans lequel il tenait le monde asiatique tout entier.

Poursuivre la démonstration scientifique de cette hypothèse serait tentant avec des guides tels que Duncker, Vieban et Stephan. Le problème a, même de ce côté du Rhin, un intérêt d'autant plus grand que les savantes recherches du vice-amiral Jurien de la Gravière ont fait des campagnes d'Alexandre une question d'actualité pour les lettrés français, tant la verve et la science de l'écrivain peuvent rajeunir les plus vieilles épopées (1).

Cependant, il faut, pour aujourd'hui, ajourner une étude qui rentrerait mal dans notre cadre et nous préoccuper de l'époque plus rapprochée de nous où, à quelques milles de Babylone ensevelie sous les décombres, s'élevait, à Bagdad, la puissance des Califes. C'est M. Thieme qui va nous servir de guide et nous introduire à la cour d'Haroun-al-Raschid, de Moawija et de Bibars, non pour nous y montrer un chapitre inédit des *Mille et une Nuits*, mais pour nous y faire déchiffrer une page peu connue de l'histoire de la civilisation.

Secrétaire particulier des Postes à Berlin, M. Thieme s'est fait du reste une réputation de ses savantes investigations sur les Postes dans l'antiquité ; il suffit de parcourir l'intéressant recueil publié en Allemagne sous le titre de *Archiven für Post und Telegraphie*, l'importante collection de *l'Union Postale* et nombre de Revues allemandes pour s'en convaincre. Possesseur de documents français des plus curieux et qui font défaut tant à la bibliothèque du ministère des Postes et Télégraphes qu'à la Bibliothèque nationale, il nous donnera quelque jour cette *Histoire de la Poste* qui, même après le livre si intéressant de M. de Rothschild, reste encore à faire. C'est en en réunissant

---

(1) *Les campagnes d'Alexandre*, par le vice-amiral Jurien de la Gravière, membre de l'Institut. Paris, E. Plon, Nourrit et comp., libraires-éditeurs, 1881.

les matériaux que le secrétaire particulier a été amené à parler de la Poste des Califes; guidé dans sa tâche par les travaux des orientalistes allemands et français, il a examiné le grand cadavre de l'empire Arabe, y a patiemment cherché l'artère postale et en a étudié les ramifications avec autant de soin qu'un élève d'Harwey poursuivant à travers les vaisseaux sanguins la circulation du sang découverte par son maître.

Molière prenait son bien où il le trouvait. Je n'ai donc point hésité à emprunter à l'Allemagne ce chapitre curieux de l'histoire de l'Orient. A la traduction j'ai joint quelques notes utiles pour le lecteur français qui n'est — ni spécialiste, comme l'abonné des *Archiven* — ni docteur de l'Université d'Iéna comme Frédéric Thomas Graindorge.

Enfin, j'ai cru que comme appendice au travail de M. Thieme, il serait intéressant de constater l'état actuel des communications postales dans l'Asie Mineure et dans la Perse de Nasser-ed-Din et de comparer à douze siècles d'intervalle la Poste du Shah à la Poste des Califes.

CHAPITRE II.

Géographes arabes. — La Poste en 724. — De Bagdad à Samarcande et à la Mecque. — Caravanes et relais. — La route arabe et la voie romaine. — *Baryd* et *Cursus Publicus*. — Comment la femme d'Haroun-al-Raschid faisait mieux que conter des histoires à son époux. — La Hollande en Mésopotamie. — La Poste en bateau. — Importance des stations. — Bibars et Mansour. — Les *morattabuns*.

Moins de cinquante ans après la mort de Mahomet, le Coran avait atteint une extension plus grande que celle de l'empire Romain quand, à l'apogée de sa puissance et après huit siècles de conquêtes, il s'étendait des colonnes d'Hercule à l'Euphrate et de la muraille des Pictes (1) au désert du Sahara. Lorsqu'en 679 le Calife Moavija (2) ferma

---

(1) On nommait ainsi l'ensemble des ouvrages élevés par les Romains sous Adrien, entre le golfe de Solway et l'embouchure de la Tyne sur une largeur de 110 kilomètres, pour protéger les provinces romaines contre les invasions des Pictes et des Scots.

(2) Moavija ou Moaviah fut le premier calife Ommiade. D'abord secrétaire du prophète, puis gouverneur de Syrie, il se fit proclamer calife en 661 et établit le siège de l'empire à Damas. Sous son règne glorieux, les musulmans soumirent l'Égypte, Médine, l'Yemen, la Sogdiane et Samarcande, ainsi que la Tartarie.

les yeux, l'Islam dominait de la pointe sud de l'Arabie, jusqu'au cœur de l'Asie Mineure et de l'Arménie, des bords de l'Oxus et de l'Indus jusqu'à Tunis. C'est dans cet immense royaume qu'un pouvoir prévoyant fonda les premières institutions postales dans lesquelles il est vrai de dire qu'il nous est difficile de retrouver la poste au sens actuel du mot.

La Poste des Califes servait d'une façon presque exclusive à l'acheminement des dépêches du gouvernement et des agents de l'administration autorisés par le commandeur des croyants à faire usage de la poste de l'Etat. On nous raconte du Calife Almalick (Abdel-Malek, cinquième calife Ommiade) mort en 705, qu'il améliora l'organisation postale de telle sorte que sur les routes reliant les villes les plus importantes de l'empire on pût diriger avec la plus grande rapidité dépêches du gouvernement et voyageurs. Enfin on rapporte encore que le Calife Mahdi (Mohammed-Mahdi, troisième calife Abasside 775-785), avait facilité le transit par un service de poste régulier.

Tels sont en substance les rares renseignements que nous possédons sur l'origine et la formation de la Poste dans le royaume des Califes. Ce n'est que dans le milieu et à la fin du ıx° siècle, c'est-à-dire dans un temps où le royaume des Abassides était déjà en décadence que nous rencontrons des sources d'informations plus rapprochées sur l'extension et la direction de la Poste des Califes.

C'est dans le traité géographique de Ibn Khordadbeh (1) que nous trouvons les premiers éclaircissements sur l'extension du service postal. Sous le titre de : *Livre des routes et des provinces*, cet auteur décrit les voies commerciales et les routes postales de l'empire des Califes. Khordadbeh était le maître de poste supérieur de la province de l'Irak - Adjemi (environ la Perse actuelle) et jouissait dans cette haute fonction de la faveur du Calife Motamid (Motammed-Billah, quinzième calife Abasside, 870-892) dont il doit avoir été le vizir. Sa géographie comprend tout le monde connu des Arabes de son temps, mais traite spécialement de l'empire des Califes, de ses divisions politiques, de celles de ses provinces, de la répartition de l'impôt et de l'état des routes (2).

---

(1) Aboul-Kacem-Obeid-Abdallah Ibn, né vers 840, conseiller du Calife Motamed (256-272 de l'hégire), écrivit sur une foule de sujets. Ses principales œuvres sont : *les Beautés du concert, l'Art du cuisinier, le Livre du vin, le Manuel des convives et des familiers, les Généalogies de la Perse et des tribus nomades* et *le Livre des routes et provinces*. Le titre des œuvres de ce polygraphe, qui réunissait en lui Brillat-Savarin, d'Hozier et Joanne, nous a été conservé par Ibn-el-Nedin. Le *Livre des routes et provinces*, seul parvenu jusqu'à nous, a été traduit, en 1865, par M. Barbier de Maynard dans le *Journal Asiatique*.

(2) L'ouvrage contient en effet : 1° le tableau de l'impôt foncier et des redevances en nature pour les provinces soumises aux califes ; 2° l'évaluation en parasanges et en milles de toutes les routes qui rayonnent de Bagdad jusqu'aux extrémités de l'em-

L'ouvrage de Khordadbeh, bien qu'il nous soit parvenu avec des lacunes nombreuses, a l'inappréciable avantage d'avoir été composé d'après les sources officielles des archives à Bagdad et de former un itinéraire complet de l'empire. Tous les ouvrages géographiques postérieurs des Arabes y ont puisé leurs éléments essentiels (1).

A l'origine son ouvrage était également désigné comme manuel officiel pour l'usage des chancelleries du gouvernement.

Pour l'envoi des courriers, pour la marche des troupes, etc., il était assurément d'une grande importance en ce que non seulement il indiquait toutes les routes qui partaient de Bagdad avec le nombre des haltes, mais encore en ce qu'il rendait compte des différentes ressources que présentaient les contrées limitrophes.

Malheureusement Khordadbeh ne donne aucun renseignement sur l'organisation administrative de la poste arabe. En présence de la matière que nous traitons, nous devons déplorer cela d'autant plus que la position officielle de Khordadbeh aurait donné une valeur toute particulière à de telles informations.

---

pire; 3° les descriptions des pays indiens, l'itinéraire des marchands juifs et enfin des contes et des légendes locales; 4° la relation détaillée des montagnes, fleuves et lacs.

(1) Notamment Ibn-Haucal (912-970), qui laissa aussi un livre intitulé : *les Routes et les Royaumes* et traduit par Ouseley (Oriental geography of Ibn Haucal. Londres, 1800).

Nous trouvons quelques compensations à la lacune de Khordadbeh dans le livre des impôts de Codama. Codama, de Bagdad, qui mourut en 959, était, comme il le dit lui-même, un katib (scribe), lequel titre était donné autrefois aux agents supérieurs de l'administration. Son ouvrage, si intéressant pour l'histoire de la civilisation et dont seulement un faible fragment est parvenu jusqu'à nous, fut écrit pour servir de manuel aux fonctionnaires publics et il y traite de tout ce qu'il était nécessaire de savoir à un employé de l'Administration d'alors (1). En particulier il donne un aperçu scrupuleux des impôts et des contributions que chaque province séparée avait à payer et il examine également l'origine de ses charges. Les villes et

---

1) D'après la Notice que M. de Slane a consacrée à Codama dans le *Journal Asiatique* (5ᵉ série, n° 20), Aboul-Feredj-Codama, fils de Djâfer, fils de Codama, fils de Yésid, appartenait à une famille chrétienne qui habitait la ville de Basra. Il embrassa l'islamisme et devint le favori du calife abasside El-Moctafi-Billah qui monta sur le trône l'an 289 de l'hégire (902 de J.-C.). Codama remplissait à Bagdad une haute situation dans l'administration et ses connaissances élevées lui avaient donné le premier rang parmi les philologues et les savants de l'époque. Il mourut l'an 337 de l'hégire (948-949 de J.-C.), laissant *le Livre de l'impôt (Kitab el Kharadj)*, un *Traité de l'administration publique*, *l'Art du commis rédacteur*, *le Livre des mots (Kitab el Lafadh)*, des poésies et des œuvres historiques.

De tout cela, il ne reste plus rien, sauf le second volume de l'ouvrage intitulé : *Livre de l'impôt* et *Art du commis rédacteur*. C'est à ce fragment important que M. Thieme fait ici allusion.

les pays conquis par les Musulmans, sont soumis en général à des redevances déterminées ; aussi le livre de Codama nous fait-il passer en revue les différentes sortes d'impôts qui existaient dans l'empire des Califes et dans lesquels se reflète toute l'histoire de la conquête des Arabes. C'est là, d'après Sprenger, ce que nous possédons de plus intéressant en fait de géographie historique (A. Sprenger : *Les routes et les voies postales de l'Orient, Traités pour la connaissance de l'Orient*, édités par la Société orientale allemande. Leipzig, 1764, 3e volume). Les recherches du célèbre orientaliste Sprenger consignées dans ces traités ainsi que l'ouvrage de A. v. Kremer, intitulé : *Histoire de la civilisation de l'Orient sous les Califes* ont été tout spécialement mis à contribution pour la présente étude. Tout d'abord Codama expose, dans son livre pour l'instruction des employés des Postes, un résumé des routes postales puisé vraisemblablement aux mêmes sources dont s'était servi Khordadbeh et il y joint un précis de l'organisation de la poste arabe.

Le terme arabe pour poste est *Baryd*. Il doit, d'après Sprenger, venir du perse *Buryda* (coupé), parce qu'on raccourcissait la queue aux chevaux et aux mulets dont on se servait pour le service postal, de façon à les distinguer de ceux qu'on employait pour le service privé (1). Au

---

(1) De même, en France, on nouait la queue des chevaux employés au service des messageries et des courriers.

contraire l'orientaliste Reinaud veut faire dériver Baryd du latin *Veredus* (Voir Reinaud, *Géographie d'Aboulfeda*, tome I, page 21). Mais, comme d'après les développements que donne Hudemann dans son *Histoire de la Poste au temps des Empereurs*, pages 129 et 235, le mot latin *Veredus* vient du perse en passant par le chemin détourné du terme grec βepeδos et doit être de même origine que le mot germain Pferd, il en résulte que si l'hypothèse de Reinaud se confirme, nous devons retrouver dans le mot arabe Baryd le mot allemand Pferd (1).

La station postale elle-même s'appelle en arabe *Sikka*, mot qui, à l'origine, signifie « rue ».

Cependant on se servit aussi pour désigner la station postale, principalement dans le langage populaire, de l'expression *Ribat*, sur le sens de laquelle Sprenger nous donne l'explication suivante. Lorsque des voyageurs campent, la première chose qu'ils font c'est de planter des pieux en terre, de les réunir par une corde et d'attacher leurs bêtes à cette corde. Si l'on n'a qu'une seule bête, on lie l'une de ses jambes au poteau. Quant au lieu où ces

---

(1) Après Sprenger, après Reinaud, après M. Thieme, M. Desenne reprend la discussion des mots *baryd* et *veredus*. Selon lui, *veredus* vient du verbe persan *bourdan* (il porta) d'où semble également sortir le nom de *bardot* donné en France à certaine race de mulets. Comparant ces deux expressions au verbe arabe *barada* (envoyer un messager), M. Desenne conclut à une communauté d'origine, à une même racine sémitique, ce que constate, du reste, Littré au mot *barde*.

2

bêtes sont liées, on le nomme *Ribat*. Le sens de ce mot s'est successivement étendu. Ce furent d'abord les stations militaires qui étaient exposées à l'ennemi et où il était utile de laisser une garnison ou d'établir un camp permanent qui furent désignées par le nom de *Ribat*. Enfin on nommait *Ribat* tout caravansérail, et la langue usuelle transporta cette expression aux stations postales alors que leur dénomination officielle était, comme nous l'avons déjà dit, *Sikka*.

Enfin, on indiquait également dans la langue officielle par le mot *Sikka* la distance réglementaire entre les stations postales, tandis que dans la langue populaire on se servait du mot *Baryd*. C'est pourquoi on lit dans la description de la ville de Damiette (1), par Khalil Ben Schahin Dhaheri : « C'est un endroit considérable ; on a à parcourir entre Damiette et les jardins qui y attiennent l'espace d'une *post* (l'espace d'un *Baryd* dans la traduction française) avant que d'arriver à la ville même. » L'u-

---

(1) Khalil Ben Schahin Dhaheri était fils du gouverneur de Jérusalem. Il servit dans les mamelucks, devint, en 1433, gouverneur d'Alexandrie, puis de diverses autres places et mourut en disgrâce au Caire laissant des ouvrages de droit et *la Crème de l'exposition détaillée des provinces* qui contenait le tableau des chemins et des routes. Volney a longuement analysé cet ouvrage dans son *Voyage en Égypte et en Syrie* et Sylvestre de Sacy en a publié, dans sa *Chrestomathie arabe* (Paris, 1806, t. II, p. 95), un important fragment avec la traduction française.

sage de l'expression *Baryd* semble donc avoir été dans la langue usuelle employé comme mesure de terrain de la même manière que le mot moderne de *Post* est employé dans diverses provinces de l'Allemagne pour exprimer la notion d'une mesure de distance.

D'après Khordadbeh, il y avait dans tout le royaume 930 stations postales. A notre avis, ce n'est pas beaucoup pour un si immense royaume, dans la capitale duquel les routes se croisaient sur une longueur de plus de mille milles. Mais nous ne devons pas oublier, à ce sujet, qu'il n'y avait de relais de poste que sur les grandes routes militaires offrant un intérêt politique et stratégique. Dans ce sens la signification du système postal arabe saute aux yeux, quand nous suivons sur la carte les routes postales telles que les indiquent Khordadbeh et Codama et que les a rassemblées Sprenger dans son *Itinéraire*.

De Bagdad, la route postale allait au N. E. vers Nischapour dans la province de Khorassan. C'était là la grande route historique que suivaient les peuples et les armées, route par laquelle arrivèrent tous les conquérants de l'Asie, route sur laquelle Alexandre poursuivit Darius en fuite, route que prirent les armées des premiers Califes quand ils firent tomber en ruines le royaume des Sassanides. Par Holwan, Hamadan et Rey (1), la route conduisait

---

(1) Ragès, citée dans la *Bible* — Tobie y alla chercher les six talents que lui devait Gabelus — et située près de la moderne

à Nischapour où résidaient alors les Sassanides, de nom vassaux des Califes, en réalité maîtres indépendants de tout le pays qui s'étend entre la mer Caspienne et l'Iaxarte. A Nischapour se raccordaient les routes sans fin qui, d'une part vont au Nord par l'Iaxarte et la côte Est de la mer d'Aral, de l'autre, traversant l'Iaxarte, conduisent en Chine par Bukara et Samarcande, pendant que d'un troisième côté un chemin de caravanes atteignait par le Sedchestan et le Kerman le point Sud du golfe Persique et que d'autres embranchements, par delà les hautes montagnes de Caboul, ouvraient une route jusqu'à l'Indus.

Les courriers de la Poste des Califes allèrent à cheval jusqu'à Nischapour (1). D'après les renseignements de Codama, il paraît cependant certain que les routes au delà

Téhéran porta le nom d'*Arsacia* ; Alexandre le Grand poursuivant Darius en fuite s'y arrêta cinq jours. Strabon appelle cette ville *Europos*, nom qu'elle changea pour celui de Cheik-al-Belad. Détruite en 632 av. J.-C., elle fut réédifiée peu après, renversée en 863 par un tremblement de terre et reconstruite à nouveau. Ses ruines forment un centre d'excursions pour les rares voyageurs qui visitent la Perse.

(1) Nischapour a été une des villes les plus riches et les plus grandes de la Perse : elle fut l'une des quatre cités royales du Khorassan. On a attribué sa fondation à *Schah Pour* — deuxième roi des Sassanides (250 de J.-C.) — dont elle prit le nom en y ajoutant celui de *nei* ou *ni*, qui signifle « roseau » en persan. Cependant les historiens aborigènes désignent Tahmurat, troisième roi de la dynastie Pichdadienne comme son fondateur.

de Nischapour étaient occupées pa͏̈ ͏͏͏͏͏relais postaux des princes du Khorassan, et que ces derniers entretenaient dans leurs États un service postal qui ne le cédait en rien comme organisation à celui des provinces placées sous la puissance directe des califes.

Sur le chemin de Bagdad à Nischapour se détachait près d'Hamadan — Ecbatane (1) — un embranchement qui conduisait au Sud-Est, à Ispahan, la dernière station postale dans le sud de la province de l'Irak-Adjemi où Ibn Khordadbeh était maître supérieur de la Poste. La grande route postale et militaire du Nord avait son point de départ à Holwan, à peu près à moitié chemin entre Bagdad et Hamadan. Elle conduisait par Dinawar, Maragha, Ardebil et Berdha jusqu'à Tiflis ; de Berdha des embranchements menaient, l'un à Debil en Arménie, l'autre à l'Est jusqu'à Bab-el-Abwad (Derbend), sur la mer Caspienne. Tiflis, Debil et Derbend où se tenaient les derniers relais de poste étaient en même temps les sentinelles avancées de l'Islamisme qui, même dans la période de sa plus grande puissance, a eu peine à les dépasser.

Si de Bagdad nous suivons la route du Sud-Est qui, en

---

(1) Rien de plus contestable que ces hypothèses, car, bien que l'idée exprimée par M. Thieme soit celle de la plupart des orientalistes, le baron d'Aubonne a cru retrouver Ecbatane dans Tauris Plus près de nous, le général Ferrier ne partage pas non plus l'opinion de l'auteur allemand. Selon lui, c'est *Kienguaver* qui occuperait actuellement l'emplacement de l'ancienne Ecbatane et il base son opinion sur un passage d'Arrien.

se détournant, conduit à Wasit, dans le grand delta, entre le Tigre et l'Euphrate, nous voyons que la route se partage à Wasit.

Une branche traverse l'Euphrate et atteint la mer aux ports de Obollah et d'Abadan. C'est dans une ville importante et populeuse, à Bassora, qui s'étend au milieu de canaux sans nombre et de plantations de dattiers à perte de vue, que se trouvait le point terminus des stations postales. L'autre branche s'étendait à l'Est, depuis Wasit, traversait le Tigre et atteignait le Farsistan (Perse), contrée d'où sortit l'antique puissance des Perses. Au temps de Khordadbeh, les Bujides y régnaient. A Istakhar, l'ancienne Persépolis, l'antique ville royale des Achéménides, et à l'importante ville de Chiraz, fondée par le calife Abd-Almalik, se trouvaient les stations postales extrêmes. D'Istakhar et de Chiraz, des routes conduisaient à l'Est, par le Kerman, jusqu'à l'embouchure de l'Indus, et de l'autre côté jusqu'au rivage de la mer par Gonabah, Siraf et Hormuz. Parmi ces ports, Siraf était la place maritime la plus importante du golfe Persique à cette époque, l'entrepôt des produits de l'Inde, de l'Afrique et du nord de l'Asie. Ses habitants avaient la réputation de marins et de marchands hardis dont les voyages d'affaires duraient parfois des années.

Nous n'avons plus qu'à jeter un coup d'œil sur les grandes routes qui reliaient Bagdad, centre de l'empire des califes, avec l'Arabie et les provinces de l'Ouest.

De Bagdad, par Kufa, la route animée que suivaient la poste et les caravanes conduisait à la Mecque. C'était là la *via sacra* des musulmans par laquelle des caravanes de pèlerins de toute la partie orientale du territoire de l'Islam se rendaient dans la ville sainte. Cette route était pourtant plus ancienne que l'Islamisme car, bien avant le Prophète, elle avait vu l'invasion des tribus arabes dans la fertile Babylonie. Il était naturel qu'une route si fréquentée fût maintenue particulièrement en bon état. Aussi, indépendamment de relais bien fournis, y trouvait-on de nombreux caravansérails auprès desquels des puits et des réservoirs d'eau permettaient de satisfaire la soif insatiable du désert. Ainsi que nous le raconte Aboulféda(1) le Calife Mahdi avait doté cette route d'avantages particuliers. « Al Mahdi laissa bâtir sur la route de Bagdad à la Mecque des auberges publiques, y fit dresser des pierres milliaires, fit mettre les puits en état et creuser de nouvelles fontaines. Tout le long de la route, des garnisons étaient réparties pour assurer la sécurité des pèlerins. A trois jours de marche de la Mecque se trouvait à Omra la Direction centrale des Postes de

---

(1) 1331. Favori du sultan Nasser, Aboulféda fut nommé par lui gouverneur et prince d'Hamah, en Syrie. Il a composé une histoire abrégée du genre humain que J. J. Reiske a traduite partiellement en latin (*Annales Moslemici-Hafniæ*, 1789, 5 vol. in-4°) et une géographie : *Vraie situation des pays*, traduite par Reiske en Allemagne et par Reinaud en France.

l'Arabie. D'Omra, la route de la poste et des caravanes s'étendait vers le Sud, conduisait à la mer par Ssana et se terminait au port important d'Aden. »

Une ramification reliait Ssana, alors capitale de l'Yémen, avec le port florissant de Schihr (1). Le long du Tigre, une route pourvue de relais de poste passait par Sermanrai (Samarra), résidence des califes à l'époque de Kordadbeh, par Tekrit et Mossoul, et se prolongeait jusqu'aux frontières septentrionales de l'empire, du côté de l'Arménie et de Byzance. La route la plus importante au point de vue postal et militaire suivait le cours de l'Euphrate jusqu'à Rakka, envoyait de là au Nord un embranchement vers les places fortifiées qui couvraient la frontière septentrionale. Quant à la ligne principale, elle abandonnait à Balis la vallée de l'Euphrate, prenait à Alep la direction du Sud, traversait Damas et poursuivait jusqu'à l'Égypte par la Syrie et la Palestine. A Rafah, sur la frontière égyptienne, se trouvait le dernier relais de la Poste des Califes, car, à l'époque où Kordadbeh écrivait son livre, l'Égypte, sous le gouvernement des Thoulounides, était devenue presque une province indépendante (2).

---

(1) Probablement le *Scheer* actuel entre Sikut et Makalla.
(2) Au milieu de l'anarchie, le califat de Bagdad était tombé en lambeaux. Déjà, sous Haroun-al-Raschid, l'Afrique s'en était détachée. Sous ses débiles successeurs, chaque gouverneur de province se rendit indépendant et fonda une dynastie. C'est ainsi qu'on vit : en Égypte et en Syrie, les Thoulonides et les

Dans la période de puissance de l'empire, la route postale des califes dépassa Rafah, atteignit Fostat (le Caire actuel) et Alexandrie, et, de là, gagna par une ligne sans fin jusqu'à Tanger, en touchant à toutes les places importantes qui, à l'époque, bordaient les côtes florissantes du nord de l'Afrique.

Si nous mentionnons encore les relais de poste d'Alep à Tarsus (Tarsous dans le pachalick d'Adana), par Antakia (Antioche), de même que la courte ligne de relais qui, à Tabarieh (Tibériade), reliait la grande route postale de l'Afrique avec le port de Sur (Sour, l'ancienne Tyr), sur la mer Méditerranée, nous obtenons un aperçu résumé du réseau postal des Arabes dont on peut encore maintenant concevoir d'une façon bien nette la situation (1). De Bagdad rayonnaient les six grandes routes postales et militaires qui reliaient le centre de l'empire aux frontières extérieures. Une chaîne solide et ininterrompue de relais de poste rattachait les points exposés de la frontière au pouvoir central de l'empire, maintenait les capitales des provinces, résidences de gouverneurs puissants, dans un

---

Ikchides qui durèrent peu (868-905) ; dans le Khorassan, les Taherites (814-873), les Soffarides (873-902) remplacés bientôt par les Samanides qui étaient d'origine tartare. En Mésopotamie, les Hamanides dominèrent de 892 à 1001 pendant que les Boujides s'établissaient en Perse pour gagner bientôt la mer des Indes, l'Asie Mineure et Bagdad même.

(1) Voir dans l'Atlas de Stieler la carte de l'Asie Mineure

contact nécessaire avec le siège du gouvernement et assurait enfin les relations de la capitale avec les ports et les stations navales les plus importants.

Nous ne pouvons comparer qu'aux routes indéfinies de l'empire Romain, les immenses distances qu'embrassait le réseau postal arabe. Il est vrai qu'il ne reste aucun vestige des routes militaires et postales des Arabes pour nous témoigner de l'industrie de leurs constructeurs et de la puissance des califes, comme le font encore les restes des voies romaines pour l'habileté des ingénieurs Romains et la gloire de l'Empire. Nous avons pourtant tout lieu de croire que les routes militaires et postales des Arabes n'étaient point, étant donnée leur destination, construites avec moins d'habileté que celles que les Romains firent pour le *Cursus publicus* et la marche des légions. En tout cas, dit Sprenger, il ne faut pas s'imaginer une route en Arabie comme une ligne étroite, car les milliers de chameaux qui y passent, éprouvent le besoin de manger et sont forcés d'y chercher la plus grande partie de leur nourriture. Mais si, d'après ce passage, on peut se figurer les routes postales des califes comme de larges chemins de caravanes dépourvus de tout travail d'art, cela n'empêche pas Sprenger de citer lui-même les rapports d'auteurs arabes qui parlent expressément de routes bâties en Arabie, et mettent hors de doute que les Arabes possédaient des routes d'art, spécialement construites selon toute apparence, dans un but militaire et postal. Ainsi Codama rapporte que Raysub (sur la route de Mansourah à Aden) était primitivement une grande ville et qu'une route maçonnée y conduisait de Bagdad. De plus, on cite à la gloire de plusieurs califes la construction de routes, et la grande voie de Kufa à la Mecque doit avoir été construite par la spirituelle épouse du calife Haroun-al-Raschid, Zobaydah ou la Fleur des Dames.

Les routes d'art de l'Arabie devaient vraisemblablement être construites en briques, en l'absence de meilleurs matériaux.

Quoique la brique ne puisse pas soutenir la comparaison avec les solides blocs de pierre qui entraient dans la construction des voies romaines, elle atteignait cependant son but grâce au climat sec de cette contrée, et offrait au sabot non ferré des chevaux arabes et des mulets un chemin suffisamment solide. En outre, l'usage des voitures qui attaque d'une façon toute spéciale la chaussée, ne s'était pas introduit dans toute l'Arabie et dans l'Asie centrale.

Les routes étaient en majeure partie, du moins en Arabie, mesurées comme l'attestent les pierres milliaires et les poteaux indicateurs.

Mais si les routes postales des califes pouvaient suffire aux besoins d'alors, les Arabes auraient été mal venus à revendiquer le mérite de l'invention. Ici encore, comme dans la plupart des progrès accomplis vers la civilisation, ils s'appuyaient sur d'autres peuples. En Mésopotamie et en Perse, pays qui avaient vu naître et se développer l'ancienne civilisation, les Arabes trouvèrent les restes de cette grande voie militaire déjà cause d'étonnement pour Hérodote, et quand ils pénétrèrent dans l'Asie Mineure, ils eurent l'occasion d'éprouver par la pratique les avantages des magnifiques voies romaines. (Sur la situation incomparable de ces routes, consulter Stephan : *La vie commerciale dans l'antiquité*, et le *Dictionnaire historique de Raumer* 1868.)

Lorsque les Arabes dont l'empire avait pris tout d'un coup une immense extension, se trouvèrent dans la nécessité politique d'étayer leur puissance par un système de bonnes routes militaires et de voies commerciales, il ne fut pas difficile à leur brillante adresse, de réaliser pour leurs comptoirs les exemples donnés par les Romains et les Perses. C'est ainsi qu'ils firent traverser sur de solides ponts les larges fleuves de la Mésopotamie à leurs routes militaires et postales et que, dans la vallée étendue entre le Tigre et l'Euphrate, ils relièrent aux routes établies sur de fortes digues tout un réseau de canaux qui, encore aujourd'hui, méritent notre admiration. En Mésopotamie et dans l'Irak-Adjémi — que Sprenger compare à la Hollande à cause de ses nombreux canaux — les voies d'eau créées par la nature ou par l'art étaient, de fait, d'une importance presque plus considérable que les routes; aussi les itinéraires des géographes arabes et des voyageurs du temps des califes donnent-ils à entendre que la commodité de ces voies d'eau était amplement utilisée pour le transport des voyageurs. Il n'est pas invraisemblable que dans ce pays de fleuves le trafic postal se soit servi de la voie fluviale. Cependant nous manquons de renseignements précis sur ce point, et nous ignorons malheureusement si la barque doit compter au nombre des véhicules dont se servait la Poste des Califes (1).

Sur les routes il y avait du reste assez de moyens d'expédition, car nous trouvons les chameaux, les chevaux, les mulets et enfin les piétons employés au service de la poste.

Pour la Perse, nous savons d'une façon certaine, d'après les renseignements de Codama qui parle d'hommes placés de distance en distance pour le transport des valises, que les lettres étaient de même portées de station en station par des coureurs. L'espace qui séparait deux stations postales en Perse était de deux parasanges (2), tandis

---

(1) En revanche, nous savons que de nos jours le manque de routes praticables oblige souvent les populations chinoises à recourir à l'*arroyo* et à la barque. Le courrier est couché sur le dos dans un canot dont les dimensions exiguës lui interdisent tout autre compagnon que son sac à dépêches et il rame avec le pied. — Ce mode de transport existe également en Egypte.

(2) *Parsang* en persan ; cette mesure, usitée en Égypte et chez quelques peuples de l'Asie, égale 3 milles 1/2 avec de légères variations suivant les districts. Il faut, en général, la compter pour plus de 6 kilomètres malgré les indications contraires de Larousse.

qu'en Syrie, et en Arabie où les courriers étaient montés sur des chameaux, l'intervalle entre deux stations était de quatre parasanges. On se demande pourquoi, pour des distances si courtes, on changeait déjà les chameaux, et Sprenger conclut que cette disposition avait pour but de faciliter le calcul de l'indemnité due aux courriers.

Selon toute apparence, cependant, la distance de quatre parasanges était la distance réglementaire pour le changement des chevaux de poste au relais, bien qu'un parcours de quatre parasanges, — deux milles géographiques 2|5 —, soit une course fort modérée. Il y a lieu de supposer, d'après les renseignements de Khordadbeh que les grandes routes postales conduisant hors de Bagdad avaient des relais pourvus de chevaux. Selon toute apparence, ceux-ci étaient exclusivement réservés au service des dépêches du Calife et du pouvoir central pendant que la poste, par coureurs et par chameaux, représentait l'organisation provinciale consacrée uniquement au service de l'administration des provinces importantes.

Il y avait une grande activité dans la vie qu'on menait aux stations postales des califes à cause de la quantité de bêtes qui y étaient rassemblées et du mouvement du commerce. Il est vrai, remarque Sprenger, que si les stations arabes ne valaient pas mieux que les relais turcs actuels dans l'Asie Mineure, il serait difficile de s'en faire une idée grandiose. Un toit de chaume appuyé d'une part à un mur de pierre, de l'autre à deux arbres, dessous une paire de mulets et de chevaux affamés, à côté une ou plusieurs huttes dans lesquelles vivent les gens qui ont soin de ces animaux ; telle est, en effet, l'installation actuelle du relais turc.

Mais, même en laissant de côté le parallèle qu'on pourrait établir entre la Turquie actuelle et l'empire des califes, il n'en est pas moins vrai que les chevaux de poste de Ibn Khordadbeh n'avaient guère besoin sous cet heureux climat d'un abri plus spacieux que celui décrit plus haut par Sprenger. Nous sommes, au contraire, fondé à admettre que le bâtiment de la station postale où le maître de poste avait une résidence, n'était en aucune façon composé de simples huttes, mais bien de maisons appropriées à leur but et munies de tout ce qui était nécessaire. Les stations postales se trouvaient souvent à plusieurs milles de toute habitation humaine, car le paysan arabe n'aime pas à bâtir sur la route, il la fuit. Les stations placées de la sorte en étaient donc réduites à ce qu'elles pouvaient produire elles-mêmes : la culture des champs et des palmiers fournissait la nourriture des hommes et des bêtes et un réservoir creusé donnait l'eau indispensable. De la sorte, le bâtiment de la station où habitait le maître de poste formait le centre d'un ensemble de maisons considérable, car il est fait mention de stations où plusieurs maisons avaient été construites pour le service du maître de poste (1).

---

(1) On pourrait rapprocher de la station arabe les *mansiones* Romaines dont l'importance et le développement sont constatés

Il est facile de comprendre quelle importance avait pour les relations d'alors et pour la civilisation cette station postale, oasis arrachée au désert. Au fait, nous pourrons saisir cette importance même par la sèche notice des itinéraires arabes qui mentionnent avec scrupule chaque station postale. A ce sujet, les lignes suivantes de Codama que cite Sprenger sont caractéristiques. Il décrit le chemin de la Mecque à Taif : « Tu prendras la route d'Yaman ; d'Omra à Gadr il y a douze milles. Omra est une station postale ; c'est là que se partagent les caravanes. On y trouve une source, des cultures et des champs qui sont arrosés avec le secours des chameaux. » — Dans un autre passage il ajoute : « Alors on arrive à Çafar, station postale où dans une plaine se trouvent deux bâtiments pour le maître de poste : une source y donne de bonne eau. Puis vient Keda : c'est aussi une station avec une source et des plantations de palmiers. Il n'y a que deux bâtiments, l'un pour le maître de poste et l'autre pour les caravanes. » — Certainement ceux des voyageurs auxquels il ne convenait pas de se servir des chevaux de poste, trouvaient dans ces stations de quoi se reposer et un lieu où passer la nuit (1). Quant aux personnes

---

d'une façon officielle par le Code Théodosien, lib. VIII, § 25 *de cursu publico* et par Justinien, lib. XII.

(1) Un espace de dix siècles n'a guère changé cette physionomie du relais dont l'importance varie avec les localités. J.-B. Tavernier, baron d'Aubonne, qui voyageait vers 1700 en Perse et en Asie Mineure, après avoir constaté la médiocrité générale

au service du calife ou du gouvernement, autorisées à voyager avec les chevaux de poste, le maître de poste devait d'office tout préparer pour leur permettre de se reposer et de passer la nuit. C'était là une des charges de l'emploi.

Lorsque le Calife dépêchait par voie postale, pour un service pressé, ses agents ou ses officiers, ceux-ci n'avaient ni le temps, ni l'occasion de s'embarrasser de provisions sur une route de centaines de kilomètres ou de s'arrêter pour prendre quelque nourriture, mais ils étaient obligatoirement confiés aux soins du maître de poste. Nous en trouvons une preuve catégorique dans un passage de la biographie d'Aboulféda où il est dit expressément qu'Aboulféda, qui voyageait en l'an 1310, d'Hamat, en Syrie, au Caire, au moyen des chevaux de poste, n'avait emmené avec lui ni chevaux, ni provisions de

---

des stations postales, s'étonne de rencontrer à Tokat quelque confortable. « Ce qu'il y a de singulier et de commode à Tokat et que l'on ne trouve guère en d'autres lieux de la route, est qu'autour de ce carvansera et des autres qui sont en cette ville, il y a plusieurs logis qu'on loue aux marchands qui veulent être en leur particulier et hors du bruit des carvanseras pendant le séjour que les carvanes font à Tokat. Joint qu'en ces logis particuliers on a la liberté entière de boire du vin et d'en faire provision pour le reste du voyage et de se réjouir avec ses amis; ce qu'on ne peut faire que difficilement dans les carvanseras) où des Turcs malins viennent quelquefois épier les actions des marchands pour tâcher de tirer quelque chose de leur bourse. » Tome I, p. 13.)

bouche. Et comme Aboulféda, en vertu de sa haute dignité de vizir et de féal de la principauté d'Hamat, devait être accompagné d'une suite considérable, il lui fallut trouver tout ce qui lui était nécessaire dans les stations semées sur une route d'environ cent trente milles. Son voyage avait en tout cas un caractère officiel, car il jouissait de la faveur toute particulière du sultan d'Égypte, Malek-Nassar, et avait été appelé à la cour de ce prince, son suzerain. Les prestations imposées aux maîtres de poste pour l'entretien de ceux qui voyageaient par la poste, comme l'exemple indiqué peut le prouver, étaient fort importantes. Quand on nous raconte qu'un gouverneur du Khorassan nouvellement nommé, part de Bagdad pour se rendre dans sa province avec toute sa suite au moyen des relais de poste, nous pouvons nous faire une idée des obligations auxquelles devaient satisfaire les stations postales.

Dans les cas pressants, les califes firent même partir des corps entiers de troupes par la voie postale qui transportait toujours en même temps de cinquante à cent hommes. Les stations postales durent donc avoir en réserve des ressources considérables pour faciliter la nourriture de voyageurs si nombreux, et l'on peut conclure des exigences d'une pareille foule à l'importance des relais pour fournir de telles prestations.

La rapidité avec laquelle au moyen des relais de la Poste arabe, les voyageurs et les courriers étaient acheminés, ne laissait rien à désirer, bien que les renseignements que nous fournissent à ce sujet les auteurs arabes diffèrent entre eux de la même manière que les documents parvenus jusqu'à nous sur la rapidité du *Cursus publicus* des Romains. D'après une notice dont l'exagération est évidente, dans une circonstance spéciale un courrier de la poste arabe aurait franchi en trois jours un espace de deux cent cinquante parasanges, environ 750 milles anglais. Cela ferait par jour, en chiffres ronds, 60 milles géographiques, alors que la vitesse extrême du *Cursus velox* pour les dépêches urgentes atteignait seulement 40 milles. Une anecdote reproduite par Weil, d'après deux auteurs arabes dignes de foi (V. Weil, *Histoire du califat des Abassides, en Égypte*, vol. I, p. 174), nous donne de la vitesse des courriers arabes une évaluation plus facilement réalisable.

En l'an 1271, les Mongols firent une invasion en Syrie et pénétrèrent jusque dans le voisinage de Damas. La crainte inspirée en Syrie par cet ennemi sauvage était telle, et Damas était si encombré d'émigrants, que l'on payait l'achat d'un chameau mille pièces d'argent et qu'on en donnait deux cents pour le louer afin de gagner l'Égypte. Cependant, dès que le sultan Bibars, qui résidait à cette époque à Damas, eut mis sur pied sa cavalerie égyptienne, ses armes obtinrent partout l'avantage.

Le courrier qui portait en Egypte l'ordre de mobilisation du Sultan, quitta Damas à trois heures du matin le 18 Rabia-l-Awwal (13 septembre 1271) et arriva à trois heures du soir le 20, au Caire. L'estafette avait ainsi, dans l'espace d'environ 60 heures, franchi la longue route de Damas au Caire. Le sultan Bibars recueillit en cette occasion le meilleur résultat de sa prévoyance politique, car il avait peu auparavant fait remettre en état la vieille route postale du Caire à Damas et y avait établi des relais. Cette circonstance prouva de plus que si la poste était rapide, la cavalerie était prête à marcher et à combattre. Les trois mille cavaliers égyptiens partirent le 21 Rabia-l-Awwal du Caire et firent leur entrée à Damas le 4 du mois suivant (29 septembre 1271), après quatorze journées de marche de plus de sept milles chacune.

Que dans le cas signalé le courrier ait fait par jour 40 milles géographiques, c'est là une promptitude telle dans le service qu'elle n'a pas été dépassée par la plus grande rapidité de la Poste Romaine. Mais il est bien certain qu'une telle vitesse n'était atteinte chez les Arabes qu'à titre exceptionnel. La moyenne était sensiblement moindre, comme nous pouvons le conclure d'une anecdote qu'Aboulféda a consignée dans ses Mémoires.

Le Calife Abou-Djafar-Mansour allant en pèlerinage à la Mecque eut le malheur de faire une chute de cheval à Bir-Meimun, la dernière station avant la Mecque : il mourut bientôt après à la Mecque des suites de cette blessure (775). Le courrier qui apportait la nouvelle de son décès au fils de Mansour, plus tard calife sous le nom de

Al-Mahdi, mit onze jours pour aller de la Mecque à Bagdad. En évaluant la distance de la Mecque à Bagdad à 220 milles géographiques en chiffres ronds, le messager a donc parcouru pour la transmission de son message pressé 20 milles par jour. Cela représente, comme le fait observer von Kremer, à peu près la rapidité avec laquelle les Perses voyagent de nos jours encore par la poste aux chevaux.

Pour certains parcours postaux, la proportion de 20 milles par jour n'était pas même atteinte. Von Kremer cite un passage de Ibn Tagrybardy d'après lequel le courrier de Gorgan à Bagdad mit vingt jours à aller d'une ville à l'autre. La distance de Gorgan à Bagdad est presque aussi grande que celle de Bagdad à la Mecque ; le courrier ne parcourait donc par jour que 11 milles.

On ne peut supposer que les courriers des califes partissent à jour et heure fixes comme le fait la poste actuelle. Le plus vraisemblable, c'est que les courriers se mettaient en route seulement quand ils avaient des dépêches à acheminer. Nous manquons également de renseignements pour savoir si la chancellerie d'Etat de Bagdad forçait le courrier envoyé dans chaque direction distincte à accompagner personnellement ses dépêches jusqu'au lieu de destination ou s'il les transmettait au relais à un collègue. Selon toute apparence la première manière de procéder était l'exception, et à l'ordinaire les courriers se relevaient aux principales stations et se passaient la valise avec les dépêches.

Pour soigner les chevaux des courriers et des voyageurs et préparer des chevaux frais, il y avait aux relais des gens spéciaux que Codama appelle *morattabuns*. D'après Sprenger la traduction de ce mot serait « proposés » car il signifie : « gens qui ont la fonction d'être présents (1). »

Si nous pouvons ranger les courriers et les morattabuns parmi les agents inférieurs de la Poste arabe, il ne nous reste pas moins à examiner maintenant de près la hiérarchie des hauts employés. Dans ce but, il faut tout d'abord mettre en relief la situation double et caractéristique qui fut faite à la Poste de l'Etat dans le royaume des califes.

---

(1) Il y avait de même à la *statio* et à la *mansio* les *stratores* et les *hippocomi* auxquels incombait dans l'empire romain la tâche dévolue aux morattabuns arabes.

CHAPITRE III.

Double attribution de la Poste arabe. — Contrôle financier, police politique. — *Mowaqquioun* et *Farwanequioun*. — Un poète gênant. — Corruption orientale. — Une histoire de harem. — La chancellerie de Bagdad. — Part et lettre d'avis. — Poste romaine et Poste arabe. — Le budget de la poste.

La poste constituait, sous les Califes, une branche séparée et indépendante de l'administration. Le service des dépêches et des voyageurs formait la première partie du champ d'action sur lequel se déployait son activité; la seconde partie, de beaucoup la plus importante, consistait dans le contrôle qu'elle devait exercer sur toutes les Autorités de l'empire. Pour cette double mission, les attributions des agents de la Poste arabe étaient nettement séparées.

Codama indique deux classes d'employés des postes: les *mowaqquioun* et les *farwanequioun*. D'après le D' Sprenger, l'un et l'autre termes servaient à désigner généralement les personnes investies d'une autorité; mais tandis que les mowaqquioun étaient des agents subalternes, les farwanequioun occupaient les emplois supérieurs. Selon toute apparence, les choses devaient se passer de la manière suivante:

Un mowaqqui (maître de poste) se trouvait à la tête de

chaque station postale établie dans une ville où des fonctionnaires avaient leur résidence. Il n'avait pas seulement à diriger le service postal de sa station, mais encore il devait s'inquiéter si les postes des relais voisins, chargés exclusivement de l'échange des chevaux et où, par conséquent, ne se trouvaient stationnés que des agents inférieurs de la classe des morattabuns, étaient l'objet de soins suffisants et d'une surveillance particulière. Il rentrait dans les attributions postales du mowaqqui, de recevoir les lettres et paquets officiels et de mettre la poste en mouvement pour assurer leur expédition.

En tant que chargé du contrôle, le maître de poste avait la mission spéciale d'établir un rapport sur les affaires et services publics, mais ce rapport ne parvenait pas directement au calife, car il passait par l'intermédiaire du farwanequy, supérieur immédiat du mowaqqui. Le farwanequy, auquel nous pouvons donner le titre de maître général des postes, avait son siège dans la capitale de la province où résidait le gouverneur. Sa mission consistait à réunir les rapports envoyés par les maîtres de poste, à les contrôler et à les envoyer avec ses propres rapports à l'administration centrale à Bagdad.

Codama nous a conservé le décret d'installation d'un farwanequy. On y trouve les lignes suivantes :

« Le calife le charge de vérifier les aptitudes des agents chargés, dans son district, de la transmission des valises postales, de dresser un état nominatif indiquant le montant de leurs émoluments, de noter la distance des stations postales par lesquelles passent les messagers et d'obliger ceux-ci à acheminer rapidement les valises qu'on leur confie. Il doit, de plus, s'inquiéter de la bonne répartition du temps et veiller à ce que les employés subalternes ne dépassent point la durée des arrêts. Les courriers ne sauraient ainsi dépasser, pour leur arrivée à la station voisine, l'heure fixée par le règlement. »

Le farwanequy était donc, en qualité de chef d'un district postal considérable, chargé d'attributions importantes. Comme rapporteur de sa section administrative, il n'avait pas moins à faire, car il devait surveiller et contrôler l'ensemble de l'administration civile et militaire (1).

C'est pourquoi dans le décret précité, le calife charge le maître général des postes « de faire de temps en temps un rapport sur la conduite des fonctionnaires des finances et des domaines, sur l'état de l'agriculture, sur la situation des paysans, sur la manière d'être des autorités politiques, sur la monnaie et les quantités d'or et d'argent qui avaient été frappées. Il devait également assister à la solde des troupes et être présent aux revues. »

On voit donc que l'emploi occupé par le maître général

---

(1) L'idée d'employer les fonctionnaires supérieurs des postes de l'État, comme agents politiques, découle de la situation de cette époque. Les *frumentarii*, les *agentes in rebus* et les *curiosi* qui avaient été institués par le *cursus publicus* des Romains visaient déjà au même but. — K. Thieme.

des postes en tant que rapporteur était une charge de confiance. Aussi quand il avait intelligemment rempli sa tâche, le Calife Abou Djafar Mansour pouvait-il dire avec raison : « Mon trône repose sur quatre colonnes et ma puissance sur quatre hommes : un cadi à l'abri de tout soupçon, un préfet de police énergique, un ministre des finances intègre et un fidèle maitre des postes qui me donne sur toutes choses des renseignements exacts (Weil, *Histoire des Califes*, vol. II, page 89).

On peut à bon droit craindre que le nombre des rapporteurs consciencieux n'ait pas été excessif.

Aussi longtemps que le pouvoir central à Bagdad posséda une puissance suffisante pour maintenir les provinces dans une obéissance stricte, la fidélité des maitres de poste à remplir leur devoir trouva un appui efficace dans la crainte du calife, mais quand les gouverneurs de provinces devinrent de plus en plus puissants, la position du rapporteur devint de moins en moins commode. Assurément bien des maitres de poste préférèrent renoncer à la transmission de rapports fidèles dont les califes pouvaient difficilement vérifier la véracité, que d'encourir la malveillance des détenteurs du pouvoir dans leur district. Ils laissèrent donc aller les choses comme elles voulurent. D'autre part, les représentants de l'autorité en province, ne négligèrent aucun moyen d'influencer et de corrompre le rapporteur et, certainement, l'éclat de l'or et des dinars largement prodigués fit paraître les choses sous un tout autre aspect que celui qu'elles avaient en réalité. Il y a quelque intérêt à citer ici l'opinion de l'illustre orientaliste Sprenger, mis par sa propre expérience à même de bien juger des hommes et des choses de l'Orient.

« La situation de rapporteur était tellement avantageuse que le maître de poste pouvait se suffire avec de très modestes appointements. Comme il avait la faculté de calomnier chacun dans son district, c'était à qui des fonctionnaires et des riches particuliers s'efforcerait de gagner sa faveur par des présents. Les Orientaux ont une véritable manie non seulement de recevoir des cadeaux capables de les corrompre, mais encore d'en donner. En voici quelques exemples. En 1847, le gouverneur général se rendit à Lachnau. Un personnage considérable vint d'Allahabad à sa rencontre et lui dit : « Je suis l'ami du secrétaire d'État chargé des affaires étrangères. Toute personne qui désire obtenir une faveur doit s'adresser à moi et alors je prends soin de ses intérêts. » En quelques jours ce personnage reçut des milliers de roupies. Dans l'Inde, un journal perse ou hindou peut exister sans abonnés. Le rédacteur envoie sa feuille aux personnes riches du voisinage et leur fait savoir qu'il les traitera de Turc à More si elles ne lui assurent pas des appointements réguliers. Aussi y a-t-il peu de journaux en langue indigène dont le nombre d'acheteurs atteigne la centaine et ces feuilles n'en vivent pas moins, grâce à de tels expédients. Ghazig-aldyn-Haydar, roi d'Oude, profita de cette situation lorsque la charge de rapporteur devint vacante ; il la mit aux enchères et en obtint 19.000 roupies. Je suis persuadé que l'acquéreur, malgré le prix considérable de sa charge, avait fait une bonne affaire. »

Telle est l'opinion de Sprenger. Une anecdote rapportée par Weil nous permet de constater encore mieux les bénéfices considérables que procurait la place de maître général des postes arabes et de rapporteur. Ibn Bassam, poète satirique, était fort redouté à cause de son esprit mordant qui, chose rare chez les Arabes, n'épargnait même pas ses proches parents. Le vizir Alcasim désirait se débarrasser de ce personnage gênant ; mais le Calife Mutadhid prit Ibn Bassam sous sa protection, et pour fermer la bouche au poète railleur, lui donna la charge de maître général des postes d'Awassim et de Kinesrin.

A côté de tels exemples, nous ne devons point passer sous silence différents faits qui, arrivés à l'époque de la décadence du califat, font honneur aux maîtres de postes arabes et donnent un éclatant témoignage de leur fidélité et de leur intelligence.

Tel est, comme le raconte von Kremer, le rapport qu'un maître général des postes de Bagdad adressait au Calife Motawaquil. Le gouverneur de Bagdad avait, dans le pèlerinage à la Mecque et à Médine, acheté une esclave merveilleusement belle et en était éperdument épris. Quelque secrète qu'il voulût garder cette passion, le maître général des postes de Bagdad en fut cependant informé et envoya le rapport suivant au calife qui était alors à la campagne, à quatre parasanges de la capitale.

« Au nom de Dieu tout-puissant et très miséricordieux !

« O Prince des Croyants ! Mohamed Ibn Abdallah a acheté pour cent mille dinars une esclave avec laquelle, du matin au soir, il perd tout son temps et se laisse détourner ainsi des affaires de l'Etat et des réclamations qu'on lui adresse. Que le Prince des Croyants veuille considérer combien une telle situation est préjudiciable à une cité aussi fréquentée que Bagdad et y mettre bon ordre. C'est là ce que signale au Prince des Croyants (que Dieu ait en sa sainte garde) le plus humble de ses serviteurs. Qu'Allah étende sur Lui sa miséricorde et ses bénédictions. »

Dans des circonstances beaucoup plus difficiles et en risquant sa tête, le maître général des postes du Khorassan n'hésita pas à remplir son devoir comme rapporteur.

Tahjr, le puissant gouverneur de cette province, prononçait à l'occasion d'une fête un grand sermon dans la mosquée de Merw. Arrivé à l'endroit de son discours où il devait dire la prière pour le calife, il s'arrêta et omit cette prière. Cela équivalait à se déclarer rebelle et le maître général des postes du Khorassan qui se trouvait dans la mosquée, comprit immédiatement la situation. Il rentra chez lui à la hâte, écrivit son rapport et dépêcha aussitôt un courrier pour le porter à Bagdad : puis il attendit son sort avec toute la résignation d'un pieux musulman, car il était pour lui absolument évident que Tahir s'assurerait tout d'abord de sa personne. En effet, cela ne tarda pas et le gouverneur l'envoya chercher. Le maître général des postes se croyait déjà mort, quand un trépas subit termina les jours de Tahir et délivra de la sorte l'agent fidèle à son devoir.

Le maître général des postes de l'Aderbeidjan se trouva un jour dans une situation tout aussi périlleuse. Le sous-gouverneur de cette province s'était emparé du trésor immense du rebelle Babek sans en faire part au calife et lorsque le maître général des postes en informa ce dernier, le sous-gouverneur fit jeter en prison ce rapporteur incommode. Il l'aurait même fait mettre à mort si les habitants d'Ardebil n'avaient point protégé leur farwanequy.

Babek était ce vassal indépendant qui, après une révolte de vingt années pendant lesquelles il eut à lutter contre 250.000 musulmans, fut en l'année 857 vaincu et fait prisonnier par le général Alafschin au service du Calife Mutasim. L'heureux vainqueur du redoutable rebelle fut comblé par le prince de distinctions et de présents. Sur le chemin de Samarra, la nouvelle résidence du gouvernement, on voyait à chaque station arriver un messager du calife qui offrait de sa part à Alafschin un habit d'honneur et un cheval. (Weil, *Histoire des Califes*, page 301 et 325).

La tragique aventure d'un maître général des postes en Egypte nous montre, d'autre part, combien les hauts fonctionnaires avaient raison de redouter les sanglantes fantaisies de leurs souverains de Bagdad. C'est Aboulféda qui rapporte le fait.

En 785 les partisans d'Ali s'étaient révoltés à Médine, mais la rébellion fut bientôt étouffée. Il fallut donc fuir ou payer de sa vie la part prise au complot. Dans le petit nombre de ceux qui parvinrent à s'échapper, se trouvait Idris Ibn Abdallah. Il avait eu le bonheur de fuir par l'Egypte vers l'Afrique méridionale où ses descendants fondèrent plus tard le royaume des Edrisites. Le maitre général des postes chargé par les califes Abassides du service en Egypte et en Afrique, l'avait aidé dans sa fuite. Il se nommait Wadhid, et était comme Schiite, tout dévoué aux partisans d'Ali. Emu de pitié, il mit à la disposition d'Idris les chevaux à lui commis pour le service de son maitre, le Calife Hadi. Cette complaisance, il la paya de sa tête que le calife se fit apporter à Bagdad dès qu'il connut l'infidélité de son serviteur. La traduction de Reiske indique d'une façon laconique le sort de l'infortuné maitre de poste : « *Quia vero Schiaita erat, id est Alio liberisque ejus favebat, præstiterat Edriso, religione et misericordia permotus beneficium grande quidem, sed sibi capitale. Ol Hadi enim accepto facinore Wadhehi, caput ejus arcessebat.* »

On le voit, les maitres de poste des califes n'étaient pas toujours couchés sur des lits de roses. Wadhid ne fut pas en effet le seul dignitaire dont la tête pendue au pommeau d'une selle fit le voyage de Bagdad pour être déposée aux pieds du calife irrité.

La situation de directeur central des postes à Bagdad offrait moins de dangers, car dans la résidence des califes on n'avait rien à craindre de gouverneurs rebelles.

Le maître central des postes était un des plus grands dignitaires de l'Empire : il conférait directement avec le calife et, comme le dit Sprenger, devait selon nos idées actuelles avoir le titre de ministre. Pour le service des postes, il y avait à Bagdad une chancellerie spéciale qui relevait du maître central. En outre celui-ci avait à diriger le service postal de la résidence, à nommer dans les provinces les farwanequioun et à surveiller le personnel entier. Toutes les dépêches expédiées dans le royaume par les courriers des califes passaient entre ses mains ; il devait présenter au prince les rapports des maîtres généraux des postes et des autres correspondants de l'État, soit *in extenso*, soit en abrégé et aussi, selon les circonstances, en faire des extraits. Quand le calife avait pris une décision, il est probable que les rapports étaient renvoyés aux différentes chancelleries du gouvernement pour la suite à y donner. On peut adopter cette conclusion en présence d'un ordre spécial qui prescrivait aux maîtres généraux des postes de consacrer un rapport particulier à chaque affaire, c'est-à-dire de ne pas réunir dans le même dossier des questions relatives, par exemple, à la justice et aux finances. Cette ordonnance prouve en même temps que l'administration arabe avait atteint un degré de perfection fort appréciable.

Nous avons tout motif de ne point avoir une moins haute idée de la Poste arabe. On a déjà vu par le décret d'installation d'un maître général des postes avec quel soin l'exactitude et la ponctualité du service des valises postales étaient assurées. Des instructions spéciales avaient été données pour assurer la sécurité des envois. Lettres et paquets confiés à un bureau de poste des califes ou venant de l'étranger, étaient enregistrés sur un état spécial qui faisait mention des adresses de chaque envoi et du nombre de paquets (1). Nous rencontrons donc déjà chez les Arabes la feuille d'avis et *le part* des courriers de la poste moderne (2).

Certainement c'était la nécessité qui avait conduit à cette organisation, car en présence de la grande quan-

---

(1) Voir El Masudi : Historical Encyclopœdia, entitled : *Meadow's of gold and mines of gems.* Translated from the arabic by Aloys Sprenger. London, 1851, pages 330-331.

(2) On appelle *Part* la feuille de route remise à tout porteur de dépêches. Elle énonce le nombre, l'origine et la destination des dépêches, la distance à parcourir, les jours, heures d'envoi et d'arrivée, etc. Cette formule a pris le nom de *Part* du premier mot du libellé : « *Part de Paris pour Versailles le sieur Saint-Arromon*, etc..... » De plus, chaque dépêche contient une feuille indiquant la présence des objets chargés ou recommandés, les taxes perçues ou à percevoir, etc. On la désigne sous le nom de feuille d'avis. — C'est surtout le *part* qui a dû être en usage dans la Poste des Califes.

tité de correspondances officielles que la Poste arabe devait acheminer à des distances aussi considérables, un avis de bureau à bureau était absolument nécessaire. Nous savons par l'histoire du Califat quel rôle jouaient les rescrits et les firmans du Commandeur des Croyants et combien sont nombreuses les lettres des califes dont il est fait mention. Pour faciliter les rapports écrits entre le prince et les gouverneurs, Moawija avait déjà — selon Kremer — créé le *Divan-alchatam* — administration du sceau de l'Etat — sorte de chancellerie d'Etat qui prit sous les califes ses successeurs le nom de *Divan altauki* — chancellerie de cabinet. Chaque décret du Calife était copié sur un registre, puis l'original était revêtu du sceau de l'Etat et expédié. La mesure était utile, car auparavant, alors qu'on envoyait les correspondances non fermées, un homme auquel le calife assignait sur une caisse de province une somme de 100 dirhams, eut l'audace de lire la lettre et d'en falsifier les chiffres pour une plus forte somme. La fraude ne fut découverte que lorsque le gouverneur envoya ses comptes.

Outre la chancellerie d'État, il y avait à Bagdad tout un ensemble de ministères pour le service de l'administration civile et de l'administration de la guerre. L'accroissement du royaume et l'amour immodéré de la bureaucratie arabe pour les paperasses, augmentèrent certainement dans des proportions notables la tâche de la Poste sous les califes.

De l'examen que nous venons de faire, il ressort que l'administration officielle des califes avait peu de rapports avec la poste au sens moderne du mot. La Poste arabe était, comme le *cursus publicus* à Rome, un *instrumentum regni*, une émanation de la puissance de l'État créée dans un but politique, pour maintenir l'administration tout entière entre les mains du Califat. Bien que le service des correspondances dans le monde romain et musulman ne présente point les caractères de régularité dans les heures de départ et d'arrivée et d'intérêt général qui sont les caractères distinctifs de l'organisation actuelle, cependant la Poste arabe a, surtout dans la dernière relation citée, un trait commun avec la poste moderne, trait qui fait complètement défaut au *cursus publicus*.

En effet, d'après des récits parvenus jusqu'à nous, la Poste des Califes se chargeait d'envois privés. Ce service eut, selon toute vraisemblance, une importance considérable. De fait, quand on a vu combien brillant fut l'essor de la société mahométane sous les califes, il est difficile de croire qu'une civilisation si avancée, si intelligente au point de vue littéraire et industriel, n'ait point eu pour l'expression de sa pensée d'autre messager que la caravane avec sa lenteur insupportable. Barbier de Maynard, dans une remarque de sa traduction de Khordadbeh, en trace le décourageant tableau qui suit :

« Quiconque a voyagé en Asie Mineure ou en Perse, sait avec quelle lenteur désespérante les caravanes se meuvent, quelles marches et contre-marches elles doivent faire, tantôt pour trouver un passage, tantôt pour atteindre un village et y acheter des provisions, tantôt pour rencontrer un pâturage pour les animaux épuisés. Pendant ce temps, le tschapar (courrier de la poste) court ventre à terre, faisant jaillir l'étincelle du sol, ne portant avec lui d'autre bagage que son sac à dépêches, sa pipe et le tapis qui lui sert de lit. Il vole de relais en relais, passe fleuves et montagnes, gravit, pour abréger sa route, les sentiers les plus escarpés où nul autre que lui n'oserait se risquer, et franchit de la sorte en vingt-quatre heures, une route que les messagers mettent huit jours à parcourir. »

L'abîme qui sépare la caravane pesante du rapide courrier de poste, existait déjà à l'époque de Khordadbeh; aussi celui-ci qui en avait la possibilité, a-t-il dû plus d'une fois avoir recours aux courriers de l'État, pour sa propre correspondance. En tout cas, il est certain qu'à côté de l'organisation officielle, il existait une poste privée pour l'envoi des lettres, ou plutôt nous devons nous imaginer une organisation analogue celle qui se produit encore aujourd'hui dans la haute Égypte. Il n'y a pas de service de poste régulier, mais l'acheminement des correspondances particulières est autorisé et les courriers que les gouverneurs de provinces envoient à pied, en barque ou par chameau, porter en divers lieux de leur district les dépêches officielles ou les groups, peuvent être employés par le public à la transmission de la correspondance privée. Sans doute le mode d'expédition est sûr, mais comme il dépend des circonstances, il n'a aucune régularité (Stephan : *l'Egypte actuelle*, p. 293).

L'habile administration arabe aura certainement vu d'un œil favorable l'emploi par le public des courriers du gouvernement, car une telle participation allégeait pour le Trésor public le budget de la Poste.

Ceci nous conduit encore à signaler un second point qui, lorsqu'on compare l'organisation arabe aux institutions romaines, est à l'avantage de la première. Les califes payaient sur leur cassette les frais de leur poste, tandis que le gouvernement de Rome laissait peser sur les provinces les dépenses du *cursus publicus*.

D'après les données de Ibn Khordadbeh, nous pouvons évaluer à cette époque, les frais d'entretien des animaux, les dépenses d'achats, le traitement des courriers et du personnel administratif à 154.000 dinars par an (environ 2.300.000 francs — le dinar d'or valait en monnaie actuelle environ 13 francs, et le dirham, monnaie d'argent, en était la dix ou douzième partie). Mais, comme le remarque von Kremer, d'après une note de Mawardy, les frais de poste dans la principauté de l'Irak seule, s'élevaient à 4 millions de dirhams, il en résulte que l'évaluation de Khordadbeh ne peut s'appliquer qu'aux frais de poste d'une seule province, de l'Irak-Adjemi probablement.

Le budget de la Poste des Califes devait donc atteindre un chiffre fort considérable.

CHAPITRE IV.

Charlemagne et Bibars. — Les routes de l'Asie Mineure et le géographe Kiepert. — La Poste-Janus. — Le service indigène. — Brigands et surudji. — Les services européens. — Les échelles du Levant. — Smyrne et ses six bureaux de poste : ce qu'on entend dans l'un d'eux. — Le Lloyd et les Messageries maritimes. — Le Katyrschi. — Réforme de 1882. — Les révélations de la statistique. — Trafic indigène et trafic européen. — La question des tarifs. — Le convoi de la poste turque. — Zaptiés et Tartares. — M. Ed. Dutemple.

Nous venons de suivre M. Thieme à travers des civilisations disparues et de constater l'intensité de vie qui animait le vieil Orient. A la suite de Codama et de Khordadbeh, nous avons pénétré à la cour d'Haroun-al-Raschid et de Bibars, auxquels les légendes arabes attribuent des prouesses analogues à celles dont le cycle carolingien fait honneur à Charlemagne. Il y aurait même une curieuse comparaison à établir entre l'empereur d'Occident quittant la nuit sa résidence d'Aix-la-Chapelle, afin de poursuivre lui-même le voleur Erbegast, et le sultan Bibars abandonnant trois jours son palais pour courir es relais de poste avec son grand-vizir, revêtus tous deux de l'humble manteau des courriers.

Il nous faut pourtant négliger ce parallèle et, pour terminer cette étude, jeter un coup d'œil sur l'état actuel de la Poste, dans les contrées mêmes qui faisaient jadis partie de l'Empire des Califes : Asie Mineure, Perse, Turkestan.

En Asie Mineure, la poste se présente sous un double aspect : sur la côte, elle est européenne et offre, à ce titre, toutes les garanties administratives ; — à l'intérieur, elle est turque et allie le sérieux du service à la fantasia arabe.

En Perse, l'organisation est européenne, allemande ; c'est le *brieftræger* viennois transporté à Téhéran et coiffé d'un bonnet d'Astrakan.

En Turkestan, enfin, le Tatare d'aujourd'hui deviendra, grâce à l'impulsion énergique du Khan, le courrier qui demain portera la malle des Indes.

Malgré l'ordonnance de 1862 qui règle la construction et l'entretien des routes, fixe la part contributive du Trésor public, détermine les prestations imposées aux indigènes, l'état de la voirie est pitoyable en Asie Mineure. Nous sommes loin, bien loin des chaussées construites par les Califes et des chemins pavés qui pouvaient lutter avec les voies Romaines. Là où des routes existent, elles sont déplorablement entretenues ; la plupart du temps, les lits d'anciens torrents en tiennent lieu. Enfin, dès que deux caravanes se sont frayé un passage à travers la flore luxuriante de l'Orient, le sentier prend le nom de route, et quelque *Kiepert* s'empresse de la noter sur son itinéraire. On comprend donc comment la poste emploie près d'un mois, sans arrêt aucun, de jour ou de nuit, pour se rendre de Constantinople à Bagdad et on est forcé de reconnaître que les cartes allemandes ou anglaises donnent de l'état des communications en Tuquie d'Asie une idée beaucoup trop avantageuse pour être réelle.

Si cependant nous voulons connaître sous son premier aspect la Poste en Asie Mineure et étudier la physionomie du service turc, il nous faut la suivre dans l'intérieur des terres.

Il y a, en effet, à côté du tracé trop souvent fictif dont se sont plaints tous les voyageurs français en Asie Mineure, un réseau postal. Partout, mais sur des étendues variables, il emprunte la double voie de mer et de terre pour mettre en relations Constantinople avec ces antiques contrées où la tradition biblique a placé le berceau du genre humain.

Dans ce réseau, il faut distinguer : 1º la route principale qui relie Bagdad à Stamboul ; 2º la route qui fait communiquer la Syrie et l'Égypte avec la Turquie d'Asie ; 3º la route qui crée des rapports internationaux entre le royaume du sultan et les empires d'Alexandre III et de Nasser-Eddin. Enfin, un certain nombre de voies secondaires relient entre elles ces trois lignes principales et y rattachent certains ports importants des côtes de la Méditerranée et de la mer Noire.

1º L'artère principale porte ordinairement le nom de route de Sansoum à Bagdad.

Chaque mercredi, le vapeur turc quitte la Corne-d'Or pour Trébizonde et, remontant vers le Nord dans la mer Noire, fait escale à Ineboli, Sinob et Sansoum, entre l'embouchure du Kizil Ermak et celle du Yechil. Dans ce dernier port, les dépêches sont remises au service turc, après une traversée de quarante-six heures et demie. La route postale commence alors à dérouler, du Nord au Sud-Est, son long ruban à travers Kavak, Ladik, Amassia, Zili, *Tokat*, coupe les montagnes du Tschamlybet, traverse Yen-han, passe le Kisil-Ermak à *Sivas*, gravit près de Deliklitach les monts Karabel, serpente à travers Aladja-han, Hassan-Tchelebi, Ergavan, Malatia, passe l'Euphrate, poursuit vers le sud par Memour-etul-aziz, Er-gani-Maden, *Diarbekir*, Hanikler, Mardine, Nissibine, Dirouné, Djesiré, Zahen, Ismil, Moussoul, Erbeil, Altin-Keupru, Kerkuk, Tavouk, Duz-Keurmat, Kiffri, Kara-tepé, Déli-Abbas, Yenidjé, et arrive enfin à l'ancienne résidence des califes, à Bagdad. Tout le long de cette route sonnent les grelots de la poste impériale, et les Tatares, ces centaures modernes, font voler la poussière sous les pieds de leurs rapides chevaux. La longueur du trajet donne lieu à une exception au règlement ordinaire de la poste musulmane. En effet, pour des parcours moins considérables, c'est le même Tatare qui, soudé à sa selle et aussi infatigable que son coursier, accompagne la malle du point de départ au lieu de destination; mais sur cette route de 1640 kilomètres, le cavalier qui vient de Sansoum est remplacé, à Diarbekir, après avoir, de nuit comme de jour pendant une semaine, galopé par monts et par vaux.

À cette première voie s'en rattache une seconde qui emprunte également à son début le parcours maritime.

Le bateau parti de Constantinople traverse la mer de Marmara, aborde à Moudania et y confie aux Tatares, tous les huit jours, les dépêches pour l'Asie. Les surudji partent, desservent Brousse, Yeni-Cheir et vont à Tokat retrouver la voie de Bagdad à Sansoum.

Un autre embranchement vient encore se joindre à la première route; il présente la même organisation. Parti de Constantinople, le vapeur de la Compagnie ottomane ou du Lloyd autrichien suivant la semaine prend terre à Beyrouth, en Syrie, et y dépose les dépêches. Les Tatares sont là, et bientôt *surudji* et *zaptiés* traversent, avec la malle, Stora, Zahli, Baalbeck, Homs, Hama, Mahara, Beltenouz, Alep, Tchoban-bey, passent l'Euphrate auprès de Beredjik, laissent en arrière Ourfa, Siverek, et enfin à Diarbekir, dans le Kurdistan, rejoignent la ligne de Bagdad-Sansoum.

2° Pour relier Beyrouth, Damas, la Syrie et l'Égypte à Constantinople, il existe, en dehors du service des paquebots, une voie de terre qui, par Alep, Alexandrette et Adana, atteint Conieh et s'y rattache à la route d'Ismid.

3° Enfin, les communications postales avec l'Asie centrale et la Russie sont assurées par une route internationale de 505 kilomètres qui part de Trébizonde, traverse Istavros, Gumusch-Chana, Baiburt, Erzeroum,

Diadin et s'arrête, comme autrefois l'arche de Noë, au pied du mont Ararat, à Bajesid, sur la frontière persane.

En dehors de ces grandes voies, il reste 1700 kilomètres de lignes d'un intérêt plus particulier, plus local. Telles sont les routes d'Ismidt à Siwas — par Angora et Cesarieh, et à Konich — par Eskischer et Kutaich.

La ville de Kutaich se relie, elle-même, à Constantinople par un triple moyen. De Kutaich à Cassaba, c'est la route postale; de Cassaba à Smyrne, c'est le chemin de fer; de Smyrne à Constantinople, c'est le paquebot qui, allant à Alexandrie, fait escale à Smyrne pour y déposer la malle.

Tel est le réseau de la poste officielle. Ses agents sont, comme nous l'avons vu, les Tatares, dont la vieille tribu, originaire de Konich, jouit depuis longtemps de ce monopole. Un cautionnement garantit la fidélité de ces courriers dont la personne est, du reste, considérée comme sacrée; mais, en Turquie d'Asie le brigandage étant une carrière lucrative, et le *surudji* le plus intègre pouvant se trouver quelque jour en présence d'un Ghika, d'un Emin ou d'un Catchegani quelconque qui, s'il respectait sa vie ne serait pas aussi scrupuleux à l'égard de la malle, des *zaptiés* (gendarmes) prêtent aux courriers l'appui moral de leurs winchesters, toujours chargés.

Ainsi est assuré le transport des groups quelquefois considérables (1) que les maisons d'Europe adressent à leurs

---

(1) Tandis que nos tendances monétaires ont pour but d'arriver à l'étalon unique, à l'étalon d'or, l'Asie continue à pratiquer le

comptoirs d'Orient. Cependant, les Anglais ont créé un service spécial pour leurs correspondances. Trouvant la route Sansoum-Bagdad trop longue, ils ont fait traverser directement le désert à des courriers arabes, qui reçoivent 30 livres turques pour l'aller et le retour. De plus, toujours pratiques, ils ont autorisé les particuliers à user de cette poste anglaise, moyennant juste et préalable indemnité.

Ceci nous amène à considérer la physionomie européenne de la Poste en Asie Mineure.

Quand on étudie sur l'excellente carte de Petermann, l'aspect de la mer de Marmara, on est véritablement surpris du nombre considérable de paquebots qui sillonnent ce lac turc. Toutes les nations maritimes y montrent leur pavillon des Dardanelles au Bosphore. C'est comme le corps de quelque monstre gigantesque dont les bras multiples vont ensuite plonger jusqu'au fond des ports, le long des côtes de la Méditerranée et de la mer Noire. Paquebots turcs ou égyptiens, bateaux russes ou anglais, vapeurs français ou italiens, et steamers du Lloyd, tous desservent à travers l'archipel et dans les recoins des golfes, ce que nous appelons « les échelles du Levant ».

Le nom d'échelles vient des degrés qui, appuyés sur les môles des ports, aident au déchargement des pas-

---

monométallisme en sens inverse et à être le grand débouché de nos pièces d'argent de 5 francs. On comprend donc comment les groups peuvent avoir, même pour de faibles sommes, un poids et un volume considérables.

sagers et des marchandises; dans la langue maritime, il est spécialement appliqué à ces places qui, comme Constantinople, Salonique, Smyrne, Alep, Beyrouth, Chypre et Alexandrie, jaillissent ainsi que des fleurs blanches au fond des rades bleues.

Au point de vue postal, les échelles du Levant ont une importance considérable. On a, en effet, accordé aux bateaux européens qui naviguent le long des côtes la faculté de transporter les dépêches de leurs gouvernements respectifs et les lettres des particuliers, de ville en ville, sur tout leur parcours.

Smyrne est, pour cette organisation, la ville-type. Nous allons donc nous y arrêter un instant.

Blotti dans le golfe auquel il donne son nom, Smyrne est peut-être le port le plus important de l'Asie Mineure. Certainement, la ville a bien changé depuis le temps où les *Frenguis* n'y étaient que tolérés et où on les parquait le long de la rue de la Marine, dans les quartiers dits *Frankhanés*. L'étranger était alors traité comme le juif dans les cités du moyen âge; mais, avec la civilisation, ces haines de races se sont atténuées à Smyrne comme ailleurs. Toutes les nations européennes y ont actuellement des comptoirs, tous les steamers y font escale. La population s'élève à environ 130.000 habitants dont 65.000 Turcs, 40.000 Grecs, 3.000 Européens et 22.000 Arméniens ou Juifs. On comprend donc comment et pourquoi il y a six établissements de poste à Smyrne. Le plus important est, sans contredit, le bureau austro-hongrois qui reçoit les correspondances des paquebots italiens et du Lloyd. A côté, le bureau français est signalé par le consul même d'Autriche, M. Unger, comme étant un modèle et réunissant tous les éléments d'un service rapide et bien exécuté. Puis vient le Post-office anglais installé dans les bureaux mêmes du consulat : il dirige les dépêches sur Marseille ou Brindisi, coûte beaucoup plus qu'il ne rapporte, n'est utilisé que par les négociants anglais qui en font une question d'amour-propre. Le gouvernement de la Reine ne trouve jamais une dépense trop lourde quand l'honneur britannique semble engagé.

J'ai cité les Autrichiens, les Français et les Anglais en première ligne à cause de l'importance de leurs établissements. A côté d'eux, les Russes, les Grecs et les Egyptiens ont aussi leur poste particulière.

Les us et coutumes bureaucratiques ont même perdu de leur sécheresse sous ce soleil doré de l'Orient et les offices européens servent quelquefois de cadre à des scènes pittoresques, d'écho à des dialogues séduisants d'imprévu où de couleur locale.

Voici, par exemple, Ibn Abdallah, le grand marchand miroitier de la rue de la Marine, qui se rend au bureau de poste avec l'air d'un homme fort préoccupé. Suivons-le.

Arrivé devant le guichet, l'Osmanli porte la main à sa

poitrine et à son front et après un profond salut, le colloque suivant s'engage entre Abdallah et l'employé européen.

— Puisse, Seigneur, la lumière du ciel charmer longtemps tes yeux.

— Que désires-tu? » répond le postier, après avoir rendu le salut selon le mode turc.

— Ton serviteur voudrait quelques timbres-poste. Il a une lettre à envoyer en Europe. Tu sais, mon fils Abdallah Effendi — eh bien ! il est parti pour Paris, et la famille désire lui écrire. »

Et comme l'agent lève la tête d'un air étonné « Oh ! ce n'est pas moi qui écrirai, poursuit Abdallah, mais bien le fils de mon frère, le grand marchand de pipes du quai. Il sait une foule de choses et il fera bien cette lettre.

— Parfait. Combien, Seigneur, désires-tu de timbres ?

— Ah ! oui. Combien dois-je en prendre, mon bijou ? un seul ne suffirait pas, car Abdallah ne doit revenir que dans quatre mois. Donne m'en deux.

— Voici. C'est deux piastres et demie.

— Comment, comment, mon petit agneau? j'ai toujours payé deux piastres, quand, il y a déjà deux ans, Abdallah était allé à Paris.

— Tu as raison, Effendi, mais dans l'intervalle les prix ont changé.

— Que dis-tu là, prunelle des yeux? C'est plus cher... qu'y faire?.. » et le Turc tire de sa poche un portefeuille crasseux d'où s'échappe une liasse de petits billets de banque.

— Non, non, mon diamant, » proteste vivement l'employé — « pas de papier-monnaie, mais de l'argent.

— Quoi ! tu ne prends pas de papier ? La raison ? Il est pourtant signé et paraphé par le Padischah qui gouverne ce pays — non ?.. — enfin soit. Je vais te donner du cuivre.

— Non, non, Effendi. Pas de cuivre. C'est de l'argent qu'il me faut.

— De l'argent ! mais, sur ma tête, je n'en ai pas un jeton. Voyons, je t'en prie, prends le cuivre et je te tiendrai compte de l'agio.

— Impossible, Effendi, impossible.

— Alors, que devenir, ô mon fils !

— Va chez le changeur, tu sais, là, au coin de la rue.

— Chez le changeur ! Il fait bien trop chaud. Tu ne veux donc absolument pas de mon cuivre ?

— Absolument pas.

— Eh bien, alors.... je vais te donner de l'argent. Voilà.

Et l'Osmanli prend ses timbres et s'en va pendant que l'employé se replonge dans la lecture de l'*Impartial* ou de *la Réforme*.

Le malheureux portier n'a pu lire trois lignes que la poste se rouvre et Abdallah reparaît. Il semble encore plus préoccupé que tout à l'heure.

— Seigneur !

— Seigneur.

— Quand partira ma lettre ?

— Ceci dépend. Quand veux-tu l'écrire, vieux père ?

— Oh ! aujourd'hui. A mon retour du marché au poisson où je vais me rendre, je m'en aviserai.

— Dans ce cas et si tu l'apportes avant deux heures de l'après-midi, elle partira demain.

Nouveau départ d'Abdallah : il semble satisfait, et, pensant qu'il se hâte vers le marché au poisson, l'employé reprend sa lecture interrompue.

Soudain nouvelle invasion dans le bureau. C'est encore Ibn Abdallah : son front est plus soucieux que jamais. Dans sa hâte, il abrège même les salutations.

— Et la réponse ?...

— .....

— Oui la réponse. Quand arrivera-t-elle ?

— Ceci dépend de l'époque à laquelle ton fils va t'écrire, répond l'employé revenu de son ahurissement.

— Que veux-tu dire, mon petit agneau ! mais il ne voudrait pas faire attendre son père. Il écrira au reçu de ma lettre.

— Alors, dans dix jours tu auras la réponse.

— Très bien, très bien ! je reviendrai dans dix jours. Qu'Allah te protège et prolonge ton ombre !

— Adieu. Puisse Dieu laisser longtemps croître ta grande barbe !

Abdallah, quitte enfin le bureau ; mais le temps s'est écoulé pendant ce dialogue. Aussi quand, à pas pressés, la grande barbe reparaît pour la troisième fois, deux heures sonnent et l'employé ferme son guichet avec un sourire railleur.

5

Cette scène prise sur le vif montre le cas que les indigènes faisaient des services établis en Asie Mineure par les Européens.

Le trafic de ces divers bureaux constituait, de l'aveu même de la Sublime-Porte, une formidable concurrence aux services indigènes. Ils centralisaient entre les mains de leurs agents lettres, groups, journaux, paquets, en un mot tout ce qu'on envoyait aux échelles comme tout ce qui en provenait. Les correspondances triées, cinq compagnies allaient — et vont encore — en prendre livraison à Smyrne pour les répandre de là, qui vers le Nord et la mer Noire, qui vers le Sud et la Syrie. (1)

C'est d'abord le Lloyd établi en 1836 pour le transport des voyageurs, de la poste et des marchandises de Trieste à Smyrne. Sur la côte syrienne comme sur le littoral égyptien, dans l'Archipel comme dans la mer Noire, il promène le jaune pavillon d'Autriche ; soixante ports s'ouvrent à cette puissante entreprise qui pourrait à bon droit revendiquer le nom de Compagnie du Levant.

Depuis 1850, les vapeurs français des Messageries

---

(1) Les 162 vap. post. du Lloyd transp. 100.000 lettres par an.
      95   —   Français   —   140.000   —
      53   —   Russes   —   6.000   —
      22   —   Italiens   —   4 000   —
    105   —   Egyptiens   —   36.000   —

Maritimes quittent Marseille une fois par semaine (viâ Palerme, Syra) et vont porter à Smyrne journaux et lettres de France. De plus, tous les quinze jours ces mêmes bateaux relient les stations de l'Asie Mineure aux ports de la Syrie et de l'Egypte.

La Compagnie russe date de 1858. Son service bi-mensuel dans les ports russes de la mer Noire et de la mer d'Azow met en communication l'Anatolie avec le Sud de l'empire du Czar.

1860 a vu la création de la Compagnie Egyptienne *Azizié* dont les vapeurs vont chaque semaine de Constantinople à Alexandrie en touchant à Rhodes, à Chio et aux ports de Syrie.

Enfin, la Compagnie de bateaux italiens Trinacria, fondée en 1870, fait un voyage bi-mensuel entre Naples et Constantinople avec escale à Palerme, Messine et le Pirée.

Les ports étaient donc régulièrement desservis. Cet avantage s'étendait même aux environs grâce au *katyrschi*, sorte de facteur chargé du service postal entre les villages et les points de relâche des paquebots. Ce messager partait chaque jour muni de lettres et de commissions et rapportait à ses clients les dépêches et paquets arrivés pour eux à Smyrne. On pouvait évaluer son salaire à 10 livres par mois, indépendamment des conventions spéciales faites avec ses clients, pour le transport de groups, des objets de valeur et de tout ce qui nécessitait de sa part des précautions particulières. Mais si le vapeur est resté, le *katyrschi* a disparu emporté par la réforme de 1882.

Le sultan, en effet, voyait avec impatience s'accroître l'importance du trafic postal étranger sans qu'un para tombât dans ses caisses vides. La statistique est la science du monde la plus indiscrète; elle apprit au Commandeur des Croyants ce que ses courtisans ne voulaient pas lui dire.

Le Lloyd transportait par an 100.000 lettres; les bateaux français en faisaient circuler 140.000; 6.000 empruntaient le secours des steamers russes; les paquebots grecs en emportaient 4.000, et la Compagnie égyptienne 36.000. Près de 300.000 lettres échappaient donc à la taxe musulmane. En évaluant au minimum le droit perçu à une piastre (0,25) par lettre, c'était une somme de 75.000 francs dont le seul transport des lettres privait le Trésor Turc. Cette perte était d'autant plus appréciable que le trafic entier de la poste ottomane en Asie Mineure, tant en lettres qu'en paquets ou groups, n'atteignait que le chiffre de 382.000 objets.

Le sultan avisa. Ne pouvant détruire ces compagnies, il essaya — la chose semble invraisemblable quand on parle de la Turquie — de les ruiner, et cela en modifiant les tarifs.

Avant 1882, le port d'une lettre simple, de Constantinople à Smyrne, coûtait 2 piastres 1/4 par la voie turque, et une piastre seulement par la poste autrichienne. La réforme de 1882 créa un double tarif, l'un applicable à la côte où il fallait lutter de bon marché avec la poste européenne, l'autre spécial à l'intérieur où le monopole n'avait rien à redouter de la concurrence étrangère. Le prix de la lettre simple fut donc fixé à 20 paras pour les ports et les quelques villes desservies par le chemin de fer et à 2 piastres pour tout le reste de l'Asie Mineure.

A l'intérieur, on supprima, en outre, par mesure administrative, le *katyrschi*. Ce dernier n'eut d'autre ressource que d'entrer comme employé subalterne dans la poste turque, et son origine ne lui permettait pas même de prétendre au rang de *surudji*.

Dans cette réforme, les Tartares ne perdirent point leur antique privilège; leurs tarifs furent seulement revisés. Pour les envois d'argent, ils ne purent demander que 25 piastres par heure de route.

Telle est la situation ambiguë de la Poste en Turquie d'Asie. En dépit des efforts du sultan pour organiser une concurrence loyale et efficace aux services européens, frenguis et indigènes continuent à confier aux steamers la majeure partie de leur correspondance, pendant que galope sur les routes le convoi dédaigné, mais pittoresque, des courriers turcs.

Un homme aimable et un lettré, M. Edmond Dutemple,

qui a représenté avec honneur les intérêts français à Brousse, en a tracé un tableau tout ensoleillé et je ne saurais mieux terminer cette étude qu'en le mettant sous les yeux du lecteur.

« L'arrivée du convoi s'entend de très loin. On perçoit les cris des postillons et des zaptiés de l'escorte, les hennissements et le trot rapide des chevaux.

« Tout ce qui se trouve sur son passage, arabas (1), muletiers, caravanes, ainsi averti, doit immédiatement se garer et laisser la voie libre.

« Le convoi s'approche. On saisit plus distinctement les longs *aou! aou! guarda! guarda!* que jette aux échos, tour à tour, chaque cavalier, cris qui permettent de constater que nul ne s'est endormi sur son cheval.

« Le voici. Ce n'est d'abord qu'un tourbillon de poussière. On ne distingue bêtes et gens qu'au moment précis où ils passent devant vous.

« D'abord l'avant-garde : six zaptiés au costume brun et vert, petites bottes courtes, avec sabres, revolvers et le winchester chargé, passé sous la jambe gauche et maintenu par le pommeau de la selle.

« A vingt mètres en arrière le convoi : les chevaux sont

---

(1) Ce sont de petites charrettes tout en bois mal équarri qui servent au transport dans les localités où existent des semblants de routes : elles avancent lentement, traînées par de placides buffles que les horribles grincements des essieux jamais graissés ne parviennent pas à émouvoir.

attachés par quatre de front, et un *surudji* conduit chacune de ces rangées, qui quelquefois sont au nombre de huit ou dix; chaque cheval porte à droite et à gauche, deux, trois, quatre sacs solidement fixés par des cordes ; ceux   portent les groups d'argent, d'or, de valeurs diverses, sont placés en arrière sous la protection immédiate d'une autre escouade de six zaptiés.

« Enfin le Tatar, chef suprême du convoi. Il porte le vieux costume turc, la petite veste brodée, la culotte bouffante, les gros bas de laine qui lui servent de guêtres et les tchareks en cuir; sa large ceinture de couleur qui lui couvre la moitié de la poitrine laisse passer les poignées et les pointes des yatagans, les crosses des pistolets, la pincette à feu ; il porte son winchester en bandoulière ; pour coiffure, le fez turc enveloppé d'une longue *couffieh*, foulard aux couleurs étincelantes et multicolores, dont les glands en soie viennent se jouer au hasard sur les robustes épaules du Tatar. Monté sur le meilleur cheval, assis commodément sur sa haute et large selle circassienne, il surveille le convoi, et, tout en fumant force cigarettes, il ne perd de vue ni un sac, ni une bête, ni un homme.

« Tout cela passe comme une trombe en soulevant des nuages de poussière ; on dirait une troupe de diables qui courent en vociférant. Mais il y a là un cachet, une originalité propres. Quand on rencontre cette poste turque, qui pendant plus d'un mois traverse sans s'arrêter, jour et nuit, toute la Turquie d'Asie, on se sent bien loin de l'uniformité banale et ennuyeuse des pays d'Europe. Ici tout se meut, tout agit sous sa propre responsabilité ; la vie de chacun étant à chaque instant en jeu, sa valeur est décuplée ; l'homme ressort sous son véritable aspect avec toutes les forces et toutes les ressources que la nature met si généreusement à sa disposition et que l'excès de civilisation tend continuellement à amoindrir. »

Pour avoir trop voyagé en chemin de fer, M. Dutemple regrette la diligence, et, le petit bonhomme voué au bleu qui porte nos télégrammes dans Paris le plus lentement possible, ne saurait lui faire oublier la brillante cavalcade des courriers Tatars.

En pensant de la sorte, l'ancien consul de France se range parmi les humoristes ; en appliquant le contraire, le shah de Perse s'est placé au nombre des administrateurs.

CHAPITRE V.

La Perse de Nasser-Eddin. — Le Babysme. — Les chassepots français à Téhéran. — Les Tschaparskhanéen et le monopole. — Le bakchich. — Misère des Goulams et Najebs : ses conséquences. — Les relais. — M. Riederer et sa mission. — *Kebouter ba Kebouter*... — Une aventure de M. de Ujfalvy. — *L'istekhara*. — Les voies nouvelles. — La route du Caucase. — Comment la Boukharie imite l'œuvre de M. Riederer. — Le bâton inspecteur des finances.

J'ai caractérisé d'un mot l'organisation du service en Perse, mais la génèse en est trop intéressante pour qu'on puisse la passer sous silence.

Dans ce pays qui renait à la civilisation, la poste devait se transformer d'un seul coup. Longtemps oubliée par l'Europe qui ne voyait dans cet immense territoire de 1.160.000 kilomètres carrés qu'un vaste champ de bataille pour les luttes futures de l'Angleterre et de la Russie, la Perse se révéla quand Nasser-Eddin monta sur le trône de Méhémet.

Né en 1820, reconnu comme Shah de Perse le 13 octobre 1848, Nasser-Eddin songea à réformer l'ancienne administration et à ouvrir son royaume aux institutions de l'Occident en tant cependant qu'elles ne pouvaient porter atteinte à ses prérogatives royales et à son pouvoir absolu. En politique tout d'abord, il écrasa fonctionnaires et prêtres qui avaient osé rappeler le Shah aux traditions de la vieille Perse ; en religion, il noya dans le sang la révolte du *Babysme.* Les relations constantes de son royaume avec la Russie et l'Angleterre lui firent bientôt comprendre que l'existence n'était possible qu'en acceptant le progrès, qu'en l'empruntant à l'ennemi même. Le mot d'Hamlet « *to be or not to be* » se posait pour l'Iran. Le Shah résolut de vivre.

Dès 1861 il inaugurait le premier télégraphe électrique en Perse, sans s'inquiéter des paysans superstitieux qui sciaient les poteaux quitte à être empalés le lendemain. Il favorisait l'instruction, établissait à Téhéran un collège français et y faisait enseigner avec notre langue, l'histoire, la géographie, la médecine et le dessin.

En l'année 1871, il organisait à nouveau l'armée (*Nizam*) et y introduisait, avec les chassepots pris à Metz et vendus par la Prusse, la discipline des troupes modernes. Aux instructeurs Anglais et Français appelés par Shah Abbas, succédait le *feldwebel* allemand. C'étaient les vainqueurs de Sedan qui allaient apprendre à la Perse à se défendre contre l'invasion anglaise ou les intrigues russes.

En 1872, 1.600 kilomètres de routes nouvelles venaient accroître le réseau des communications dans l'Iran.

Enfin, l'année suivante, Nasser-Eddin entreprenait son voyage en Europe, venait juger par ses yeux de notre civilisation et en comparer les progrès dans les diverses capitales, Pétersbourg, Berlin, Bruxelles, Londres, Paris, Genève, Vienne et Constantinople.

Un Hôtel des Monnaies s'élevait peu après son retour à Téhéran et le Shah instituait un Conseil d'État chargé de discuter les affaires publiques. Le progrès était indiscutable : une autre réforme devait nécessairement en résulter. Ce fut la réforme postale.

L'organisation du service en Perse rappelait par trop, en effet, la Poste des Califes que nous venons d'étudier avec M. Thieme. La poste était devenue l'apanage d'un khan qui, outre son titre de général de brigade de la garde royale, avait monopolisé entre ses mains les *tschaparskhanéen* (1). Il payait, du reste, au Trésor public une redevance considérable, mais si le budget n'avait pas ainsi à supporter les dépenses du service postal, ce service était aussi tout particulièrement mal fait. Le khan, fermier général des Postes, investi d'un privilège que nous ne pouvons comparer qu'à celui accordé en Allemagne par Charles-Quint à la maison de Thurn et Taxis, affermait une route et ses relais à un entrepreneur. Celui-ci louait les relais à un sous-entrepreneur qui, à son tour, trouvait quelque pauvre diable pour payer très cher un emploi presque illusoire. De plus la coutume orientale du *bakchich* (2) se reproduisait à cha-

---

(1) Relais.
(2) Le *bakchich* (pourboire) porte en Perse le nom général d'*anam*. Il est de deux sortes : le *peish-Kesh*, cadeau offert par un inférieur à un supérieur, et le *moudakhel*, qui correspond au

que adjudication nouvelle et il y avait toujours quelque *mirza*, quelque favori d'un ministre dont il fallait, par un cadeau, acquérir les bonnes grâces.

Sur quoi se rattrapaient tous ces négociateurs de marchés? sur le traitement des employés subalternes, *goulams* et *najebs*, et sur le fourrage des chevaux qui devait être fourni par les directeurs de provinces. Il en résulte que les relais étaient peuplés de bêtes apocalyptiques, et que les *goulams* détroussaient en route les voyageurs de leurs propres voitures. Quant aux lettres confiées au service par des particuliers, elles payaient toujours double port, le *goulam* réclamant à l'envoyeur le prix de ses peines futures et au destinataire la rémunération du service rendu.

Enfin, les courriers n'étaient expédiés de Téhéran que deux fois par mois, et les points extrêmes d'où partaient

---

pot de vin. Les *maîtres chanteurs* ne sont pas rares dans l'Iran, mais alors qu'on se vante à bon droit d'avoir reçu un *peish-Kesh*, on évite de dire si un *moudakhel* a récompensé vos peines dans quelque marché. Malgré cette différence, du simple *mirza* au haut fonctionnaire de l'Empire, chacun cherche à augmenter ses appointements tant par le *peish-Kesh* que par le *moudakhel*. — Le mot *Mirza* équivaut à notre terme « monsieur ». Placé après le nom il signifie prince (Algée Mirza, prince Algée). Dans la langue ordinaire, il désigne d'une façon spéciale les scribes qui possèdent, en Perse, l'art difficile de l'écriture, et qui portent comme signes distinctifs un parchemin roulé autour de la ceinture et le *kalemdam*, sorte d'encrier.

les relais aboutissant à la capitale étaient, Khoï, Recht, Asterabad, Meched, Kerman, Chiraz et Kermanchah. La ligne de Téhéran à Khoï avait été même poursuivie jusqu'à Erzeroum, créant ainsi une communication avec l'Asie Mineure. Mais si le courrier recevait 40 tomans pour aller en 6 ou 7 jours de la capitale à la frontière, celle-ci franchie, les frais de ses chevaux tombaient à sa charge. Quant au produit des correspondances privées transportées par tchaparskhanéen il était, selon le traité du concessionnaire de la route, partagé tantôt entre les Tschapar-Baschi, tantôt entre les Najebs et Goulams qui accompagnaient la poste.

Le service de messageries qui se joignait à la poste par *tchaparskhanéen*, ne présentait guère plus de garanties. Le général Ferrier (1) auquel le nom placé en

---

(1) Mandé par Hussein-Khan dès 1839 pour organiser l'armée persane, M. Ferrier abandonna le 1ᵉʳ chasseurs d'Afrique et se rendit à Téhéran. Son hostilité envers le Czar Nicolas irrita bientôt l'ambassadeur russe dont les intrigues finirent par réussir. M. Ferrier, oublié par la France dont il aurait voulu voir l'influence prépondérante en Orient, fut disgracié et forcé de quitter la Perse. C'était du reste un soldat et non un courtisan. On se rappelle sa réponse audacieuse au Shah qui lui enjoignait de restituer à l'ennemi une place dont il venait de s'emparer : « Je prends les villes, écrivit le général Ferrier ; cherchez un autre pour les rendre. »

tête de ces lignes rappellera peut-être quel chaud et aimable accueil il fit, vers 1866, à un compatriote, à un ami, retrouvé en pleine mer des Indes, à Pondichéry, a laissé du *Tchaparskhané*, un portrait peu flatté mais en tout cas aussi exact que ceux tracés par Sprenger ou Barbier de Maynard.

« Le relais, dit-il, doit, suivant l'importance de la route qu'il dessert, être muni de cinq à six chevaux qu'un préposé du gouvernement, affermant une certaine quantité de relais, doit toujours tenir prêts à la disposition des courriers royaux et des personnes munies d'une autorisation spéciale. Mais comme ces préposés ne reçoivent jamais exactement la subvention en nature et en espèces qui leur est allouée par le Shah, comme en définitive, il en est de la poste ainsi que de toutes les autres branches de l'administration, qu'il est permis de voler sur ce chapitre aussi bien que sur les autres, il s'ensuit qu'au lieu de douze chevaux, on en trouve tout au plus deux ou trois à chaque relais et encore sont-ils presque toujours tellement éclopés et poussifs qu'on a des peines infinies à les lancer au galop : aussi arrive-t-on au gîte avec ces bêtes, moulu et prêt à rendre l'âme. Ces rossinantes sont particulièrement destinées aux *courriers* persans et aux Européens qui n'aiment pas à desserrer les cordons de leur bourse. Ceux qui se montrent généreux, comme les courriers des ambassades étrangères, trouvent toujours dans quelque coin reculé de la maison de poste, une ou deux montures tenues prudemment en réserve par le maître de poste; mais s'ils ont besoin d'un plus grand nombre de chevaux, ils doivent se décider à subir la loi commune. » (1).

Cependant, en règle générale, les missions diplomatiques ne payaient pas — le bakchich le plus exagéré ne saurait passer pour un paiement — les chevaux qui leur étaient utiles, mais donnaient au maître de poste un cadeau de 50 à 100 ducats à l'époque du *Neurouz*.

Afin de remédier à un état de choses qui présentait si peu de garanties pour le commerce européen, Nasser-Eddin demanda, en avril 1874, à M. Riederer, conseiller des postes autrichiennes à Vienne, de venir organiser en Perse le service postal.

Quand le gouvernement de Sophia voulut installer en Bulgarie une administration postale et télégraphique, répondant aux derniers progrès en la matière, c'est à Paris, dans les services de M. Cochery, qu'il vint chercher un directeur général. Je cite ce fait sans aigreur et seulement pour mémoire, car, tout en regrettant que le Shah n'ait point songé à la France pour le poste d'honneur créé à Téhéran, je ne saurais, en présence des résultats obtenus, incriminer le choix du prince.

M. Riederer fut longtemps avant d'accepter la haute

---

(1) *Voyage en Perse*. — Dentu, Paris.

mission qu'on lui confiait. Il comprenait quelle animosité soulèverait chez les courtisans sa seule présence à Téhéran : il ne serait jamais pour le Persan qu'un *Frengui* et se buterait sans cesse à des antipathies vainement déguisées sous la souplesse musulmane. Sans doute, l'étranger en Perse comme dans l'Asie Mineure, comme dans tout l'Orient, peut compter sur l'hospitalité la plus large, être sûr d'un bon accueil à l'*oda* (*mussafiroda* — chambre des étrangers); mais le soir, à la veillée, quand le voyageur sommeille, l'Oriental, Persan ou Turc, se pose toujours la même question : « Que viennent donc faire ici les *Frenguis* ? Que leur importent les vieilles pierres écrites dont ils sont si curieux ? Cherchent-ils donc des trésors ? »

Cette antipathie inévitable et ces soupçons ne feraient que s'accroître quand le Persan verrait dans M. Riederer non plus un voyageur curieux ou un savant fouilleur, mais un maître arrivant d'Europe avec ses idées et peut-être ses favoris. *Kebouter ba kebouter, gouch ba gouch* (pigeon avec pigeon faucon avec faucon) dit un proverbe persan, mais l'expérience apprend qu'on n'applique jamais que la seconde partie quand on a affaire à un Européen. M. Ferrier n'avait pu s'y soustraire bien que l'armée d'Afrique l'eût familiarisé avec la duplicité de l'Arabe et qu'il eût de son caractère une connaissance difficile à acquérir à Vienne.

On comprend donc les hésitations du conseiller autrichien. Cependant le 15 novembre il franchissait la frontière persane, prêt à affronter l'inconnu. Favorablement accueilli par le Shah, jouissant de la faveur du ministre des postes, *Emin-ul-Mulk*, il commença aussitôt sa tâche de réorganisation. Mais le khan, fermier général des *Tchaparskhanéen* avait vu d'un mauvais œil l'arrivée du *Frengui* et, soutenu par le parti vieux persan fort entiché des anciennes coutumes, il entreprit contre M. Riederer la conspiration de l'inertie. Elle faillit d'autant mieux réussir que les Persans sont de la famille de l'Oriental dont M. de Ujfalvy me racontait dernièrement l'histoire.

L'intrépide explorateur de l'Asie centrale demandait à un vieil employé de l'administration musulmane quelques renseignements statistiques et historiques sur la bourgade confiée à ses soins. Interrompu dans sa méditation, mais n'abandonnant point pour cela son *Kalioun*, l'Oriental répondit alors à M. de Ujfalvy dans la langue imagée des Arabes : « Mon bien cher ami, toi qui fais la joie de
« ma vie et le bonheur de mes yeux, ce que tu me de-
« mandes est aussi difficile qu'inutile. Bien que je sois
« né dans ce pays et que j'y aie passé toute ma vie, je
« n'ai jamais compté les maisons ni les habitants. Peu
« m'importe ce qu'Ali charge sur son épaule, ce que Me-
« hemet entasse sur son bateau. Quant à ce qui s'est
« produit avant que l'Islam dominât en ces lieux, c'est le
« secret du ciel et en vain tu nous poserais des questions
« à ce sujet. O mon cœur, ô mon tendre ami, ne t'occupe

« point de choses qui t'importent si peu! Tu es venu
« vers moi ; je t'ai accueilli et t'ai nommé le bienvenu.
« Va maintenant en paix, sans chercher à arracher aux
« pierres un secret qu'elles ne te diront pas. »

Sans se laisser rebuter par cette déconvenue, M. de Ujfalvy poursuivit sa route vers l'Himalaya. M. Riederer fit de même, mais sa patience fut plus d'une fois mise à l'épreuve. En effet, quand il vit son projet accepté par le Grand Vizir et le conseil des ministres, il pensa que l'on mettrait aussitôt à sa disposition les 20.000 tomans (200.000 fr.) nécessaires à l'organisation du service. Mais pour que le Trésor s'ouvrît, il fallait un ordre du Shah et un *istekhara* favorable. Mme Carla Serena, cette audacieuse Italienne que les steppes de Russie n'ont pas plus effrayée que les déserts de Perse, nous apprend ce qu'est l'*istekhara* (1) et le rôle qu'il joue dans les événements de la vie. On désigne sous ce nom un collier de perles d'ambre que les Persans déroulent habituellement entre leurs doigts. Ont-ils une décision à prendre, ils lancent l'*istekhara* à terre et égrènent ensuite les perles restées dans le collier en murmura : » très bon, incertain, mauvais. » Le mot correspondant à la dernière perle dicte leur décision. C'est l'oracle de la marguerite appliqué aux choses sérieuses; mais la doctrine désolante du fatalisme a de telles racines chez l'Oriental que personne n'oserait

---

(1) *Hommes et choses de la Perse.* — G. Charpentier. Paris, 1884.

accomplir un dessein que cette curieuse pratique lui aurait signalé comme mauvais ou même douteux.

Je ne sais quelle qualification l'*istekhara* donna à l'entreprise de M. Riederer. Toujours est-il qu'au lieu des 200.000 francs utiles, on ne lui en accorda que 8.000. Outre cette somme dérisoire, on mettait à sa disposition de vieux clichés qui avaient jadis servi à fabriquer des timbres, mais auxquels on avait renoncé, car l'oblitération n'existant pas en Perse, les timbres acquéraient, de ce fait, une durée indéfinie entre les mains de commerçants économes et rusés.

C'est avec de telles ressources que le Shah mettait M. Riederer en demeure de faire quelque chose, de frapper les esprits, de réussir.

Cependant les chaleurs de l'été étaient arrivées, et le thermomètre atteignait 36 degrés Réaumur, température habituelle du 15 juin au 15 août. De même qu'en été les Européens habitant Calcutta gagnent les hautes montagnes des Nielgheris, ainsi en Perse les habitants de la plaine vont chercher sur les hauteurs une atmosphère moins torride. C'est là une véritable émigration, une désertion complète de la capitale. Le départ des Parisiens, après le Grand Prix, ne saurait en donner une idée. La statistique a cela d'heureux qu'elle nous fournit une notion exacte en nous apprenant que Téhéran possède en hiver 120.000 habitants et n'en compte plus que 85.000 pendant cette période. La résidence d'été choisie par le Shah et l'aristocratie est située à 5 ou 6.000 pieds au-dessus du niveau de la mer. Elle se nomme Shemiram (flambeau de l'Iran). Le géographe Karl Ritter fait remonter l'origine de ce village à Semiramis, qui y possédait un palais. Shemiram est, en tous les cas, bien déchue de cette splendeur primitive. En apercevant ses maisonnettes en terre, que recouvre à peine un badigeon sommaire, le Parisien songe involontairement aux gracieuses villas d'Asnières, de Saint-Germain et de La Varenne. Le Shah habite, sur le versant de la montagne de Shemiram, le château de Niavaran. Non loin de là, le camp militaire de Sultaned Habad rassemble sous ses tentes 10.000 hommes de troupes.

M. Riederer comprit que Niavaran et Sultaned Habad étaient les deux points où il fallait frapper. Après avoir donné aux courriers une tenue spéciale et un bonnet rouge et vert avec plumet jaune, il installa le premier service régulier entre la capitale, le camp et la résidence du Shah. Chaque matin, un courrier à cheval, porteur de la sacoche et du cor de chasse, arrivait à Niavaran au lever du soleil porter au prince les missives et les journaux d'Europe, que Nasser-Eddin suit avec le plus grand soin, les lisant dans la langue originale ou se les faisant traduire. En rentrant à Téhéran, ce courrier, sur un parcours de trois lieues, distribuait et recueillait les lettres et vendait les timbres-poste comme le fait en France le moindre de nos facteurs ruraux.

Cette innovation eut un grand succès. Tous ceux qui

avaient une réclamation à adresser au Shah lui écrivirent par voie postale, persuadés qu'il recevrait lui-mme la lettre ainsi transmise.

Pendant ce temps, on fabriquait à Téhéran cent vingt mille timbres, et pour déjouer la contrefaçon, jusqu'alors trop aisée, M. Riederer faisait graver sur la figurine la valeur en arabe sous le ventre du lion de Perse. Des négociants devenaient entreposeurs de ces timbres et remplissaient en Perse la tâche dévolue en France aux bureaux de tabac. Le service des articles d'argent était peu après constitué et le concours de banquiers turcs assurait le payement dans leurs comptoirs des mandats émis par l'office Persan. La banque déjà développée dans l'Iran prêtait son appui à l'institution nouvelle et à la circulation qu'elle allait créer. Enfin Tauris et Téhéran étaient, le 12 février, reliés par un courrier hebdomadaire. La route, d'une longueur de 94 *farsach* (606 kilomètres 880 mètres) et partagée en quatre parties par deux relais (*tschaparskhané*) où les *goulams* (1) se remplaçaient, était parcourue en quatre-vingts heures.

---

(1) *Goulam* ou *Gholam* (esclave dans le sens général), désigne ici le conducteur de la malle-poste ; le postillon porte le nom de *Tschaparschagir*. Le Goulam reçoit, outre son traitement fixe, un *moudakhel* de 6 fr. 25 par voyage : le tschaparschagir a une gratification de 0 fr. 50 par tschaparskhané et touche 50 fr. par mois. Quant aux voyageurs qui vont en tschapar — en poste — ils payent le cheval 75 centimes par farsach et sont toujours accompagnés d'un serviteur (chagkerl-tschapar).

La ligne de Téhéran à Tauris ou Tebriz passait par Kend, Meschinabad, Kazwin, Sultanich, Zedjan, et allait aboutir à Tiflis, dans la Transcaucasie, en franchissant la frontière à Djoulfa, petite ville située sur les confins de la Perse et de la Russie, au bord de l'Araxes. C'est la route du Caucase bien différente actuellement du chemin défoncé que parcourut, en 1847, le prince Soltykoff. Le sol n'y présente plus ces trous semblables à des trappes où la jambe des chevaux se brisait comme verre et l'histoire de ce roi de l'antiquité, Bahram-Gour qui, poursuivant l'onagre avec passion, disparut soudain dans une de ces fondrières sans qu'on ait jamais pu retrouver ni l'homme, ni le cheval, est devenue une légende bonne tout au plus à amuser les *frenguis.* De cette magnifique voie du Caucase part un embranchement se dirigeant sur la mer Caspienne et le port de Rescht-Enzeli.

La poste persane se reliait ainsi à la Russie, d'une part, par Recht, de l'autre, par Djoulfa et Tiflis; à la Turquie, par Bajadziz ou Bayezid. Mais tandis qu'il fallait, sur le territoire même, assurer par des escortes la sécurité des courriers assaillis par les brigands, on se heurtait à la frontière à des difficultés diplomatiques inattendues. Le transit par Djoulfa devint l'occasion d'un échange de notes entre les cabinets de Pétersbourg et de Téhéran.

Pourtant la cause était gagnée et M. Riederer pouvait écrire à la *Gazette de Linz* et à l'*Union postale* ces lettres curieuses dans lesquelles il initie ses compatriotes à toutes les phases de son odyssée depuis le moment où il tirait ses timbres avec une machine à bras jusqu'à celui où il inaugurait la ligne de Téhéran à Bousheer sur le golfe Persique.

Vienne se mit à fabriquer pour le compte du Shah des timbres et d'élégantes boites aux lettres où se retrouvent le lion et le soleil des armes persanes. On expédia même de la capitale de l'Autriche à Téhéran des enveloppes timbrées. C'était là un progrès et une innovation car, auparavant, la lettre sortie des mains du *Mirza* était roulée, attachée par une petite bande de couleur et confiée ainsi au tschapar.

Le timbre lui-même est comme le témoin de cette marche en avant et de ce perfectionnement. M. Riederer, en 1876, avait fait graver sous le ventre du lion héraldique et au coin du timbre la valeur en shahis. Peu après, l'effigie du Shanishah, de Nasser-Eddin remplace sur les figurines le lion armé et le soleil levant. 1878 voit apparaître le même timbre avec une surcharge : puis c'est le cadre qui change et se colore. Enfin, le dernier timbre est comparable comme perfection et comme fini aux *stamps* les mieux venus de l'Amérique du Nord et des Colonies anglaises. Derrière un portique persan, le soleil de l'Iran se lève pour illuminer le développement fécond de l'œuvre postale et, au-dessous, une banderolle rédigée en français et en arabe, renseigne le curieux sur la patrie de cette mignonne gravure. On peut donc suivre, pour ainsi dire pas à pas, les progrès de la Poste persane en feuilletant quelqu'un de ces merveilleux albums dans lesquels des *philatélistes* tels que MM. de Rothschild,

Legrand, Donatis, Zaccone, A. Leclair ont su réunir la rare collection des timbres du Shah.

Enfin, après avoir installé un service rural autour de Téhéran, M. Riederer, réalisant un projet longtemps caressé, couronna son œuvre en faisant entrer la Perse dans l'Union postale universelle.

Un tel exemple ne tarda pas à être suivi et, dès 1882, le khan de Boukhara faisait procéder dans ses États à l'installation d'un service analogue à celui qui fonctionnait si bien en Perse. La poste fut là, comme en Asie Mineure, confiée aux Tartares qui semblent, dans cette partie du monde, monopoliser la confiance et la vitesse. Le réseau postal se composait de quatre lignes principales mettant le Turkhestan en communication avec la Russie, la Perse et l'Afghanistan.

La première route partait de Boukhara et atteignait Samarcande et la frontière russe par Kujuk-Masar, Kaptyrabat, Kermine, Kale, Kalandans, Katy-Kurgan et Daul.

La seconde, dans la direction du S.-E, mettait en communication Boukhara et Balch dans l'Afghanistan. Elle traversait Tschitaryck, Kakyrgumbas, Kasanbazar, Tchiractschi, Karschi, Salih, Faruk et Manlick.

La troisième se dirigeait au S.-O., traversait Schile-Tanak, Kara-Kul, Kritsch, passait l'Oxus, rencontrait Tchardschui, Kulta, Minor, Kalcha et venait aboutir en Perse à Mesched dans la province du Khorassan.

La quatrième créait enfin une seconde relation entre le Turkhestan et la Russie. Partant de Boukhara elle rejoignait la ville de Kiva par Schuchan, Kladagrabad, Kukertli où elle commençait à suivre la ligne de l'Oxus, Utschakty Meschekty et Petro Alexandrowsk.

Cependant, comme pour la plupart des contrées d'Asie, les voyageurs français qui ont visité Boukhara sont muets sur le service postal. Il semble qu'on puisse aller *de Moscou en Bactriane* et en revenir, sans avoir, sur aucune des quatre voies postales, entendu les grelots des courriers Tatares. Qu'il y ait là autre chose qu'un oubli, c'est cependant possible, car je me défie de ces organisations si belles sur le papier et si peu réalisées dans la pratique. Je ne crois pas du reste que la Poste indigène soit appelée à un grand avenir dans les Etats du Khan : les Russes sont trop près et l'Anglais pas assez loin pour que la Boukharie ne justifie pas bientôt le titre à elle donné par Karasine « le pays où l'on se battra ».

Dans tous les cas, la vérification des gestions des divers fonctionnaires du Khanat est aussi bizarre que rapide. Que l'Aksakul apporte au Minbach des comptes embrouillés, aussitôt c'est le bâton qui ouvre les yeux au comptable. Que le Minbach, à son tour, transmette au Mirakhor des états de dépenses grossis à plaisir ou vérifiés à la légère, c'est encore le bâton qui réduit les additions et diminue les crédits demandés.

A Boukhara, le bâton est la providence du budget, et

je comprends qu'un Français malin, égaré dans ces contrées, ait regretté de ne pouvoir glisser, parmi les vérificateurs de notre comptabilité publique, cet inspecteur des finances d'un nouveau genre. Il y aurait certainement moins de rapports enterrés dans la poussière des cartons verts.

CHAPITRE VI.

Perse et Turquie d'Asie. — Le réseau des Califes et le réseau du Sultan. — La capitale se déplace, la poste suit. — Une administration que l'Europe n'envie pas. — Pachas et réformes. — Les Ministres passent, les Pachas restent. — La pléthore du budget et le vide du trésor. — Hassan-Fehmi-Pacha. — Un plan Freycinet — Les Turcs épargneront en dépensant beaucoup. — Voies ferrées de la Turquie d'Asie. — De Moudania à Brousse : la ligue *Benoiton*. — L'on croyait faire un chemin de fer et c'est une maison qu'on bâtit. — Fatalisme, *kief* et déficit. — La poste et le télégraphe à Téhéran. — « Plus vite que les grues. » — Les bazars. — Shah Abbás et les routes. — La peur de l'invasion. — Les bureaux ambulants. — La question des chemins de fer au point de vue stratégique. — Nasser-Eddin et le progrès. — La dernière parole de Mansour.

C'est ainsi qu'à dix siècles d'intervalle, se poursuit dans l'Asie antérieure l'œuvre des Califes.

Le progrès a été lent et le résultat partiel. En effet, si la Perse actuelle peut soutenir la comparaison avec l'ancien royaume des Abassides, il serait difficile d'en dire autant de la Turquie d'Asie. Les Moawija et les Bibars n'avaient point, il est vrai, laissé dans la péninsule des traces aussi profondes que dans l'Iran. Le réseau postal des Arabes n'allait même pas au delà de Malatia, d'Erzeroum et de quelques places de la frontière du Nord. De plus, le centre autour duquel rayonnaient les voies postales était différent de la capitale d'aujourd'hui. Bagdad n'est plus, depuis longtemps déjà, la riante cité des contes arabes; la ville d'Haroun-al-Raschid se souvient d'un passé que l'avenir ne lui rendra jamais, et le pacha, qui y réside, reçoit le mot d'ordre de Constantinople. C'est donc aussi de Constantinople que la malle-poste doit venir; mais, comme il n'y a pas de courrier sans route, nous retombons aussitôt dans des considérations de voirie et partant dans des évaluations budgétaires. Les unes et les autres nous sont fournies par les écrits des consuls Européens en Asie Mineure, car il n'y a, pour ignorer ce qui se passe en Turquie d'Asie, que les fonctionnaires, payés cependant par la Sublime-Porte, pour le savoir.

L'aventure de M. de Ujfalvy que je racontais tout à l'heure n'est malheureusement pas une boutade, son interlocuteur n'est point une exception dans l'administration arabe.

Ils sont nombreux, les pachas qui n'ont aucune notion sur l'étendue du territoire soumis à leur juridiction, sur ses ressources, sur l'état des routes et sur la population du pays. On a donc proposé une réforme. On voulait qu'à son entrée en fonctions chaque nouveau pacha établît un rapport circonstancié sur la situation de son pachalick. L'ensemble de ces rapports aurait constitué une sorte de statistique officielle; mais il y avait tant de remaniements sinon plus urgents, du moins plus productifs au point de vue fiscal, qu'après avoir constaté le bien fondé de la proposition, on se hâta de l'oublier dans quelque carton.

Sans doute il aurait été utile et profitable de rendre au tschapar la grande voie pavée des sultans de jadis et de sillonner à nouveau le pays de larges avenues et de vastes chemins; le budget s'y opposa. Le chiffre de la dette ottomane augmentait tous les jours, les charges du Trésor s'aggravaient, balance et écritures indiquaient nettement le déficit; ce n'est pas en présence d'une situation pareille qu'un ministre des finances, même turc, pouvait songer à augmenter le chapitre des dépenses.

La cause de la voirie en Asie Mineure devait pourtant trouver encore un éloquent défenseur dans les hautes régions du pouvoir.

Je n'en veux pour preuve que le rapport remarquable adressé, en novembre 1880, à la Porte Ottomane par S. E. Hassan-Fehmi-Pacha. Dans ce document officiel, ce n'était pas seulement le ministre des travaux publics qui prenait la parole, c'était encore et surtout l'homme de progrès qui avait senti, au contact des Européens, la décadence inévitable de l'empire du Sultan.

Tout d'abord, comme M. Karl Thieme, Hassan-Fehmi-Pacha regrettait l'œuvre des anciens Musulmans et leur politique habile.

« A une autre époque, alors qu'en Europe on ne donnait pas l'importance qu'ils comportent à l'exécution et à l'entretien des grandes voies de communication, la Turquie avait, à cet égard, fait preuve d'une rare clairvoyance et l'on peut distinguer encore aujourd'hui les traces de ses routes qui aboutissaient d'une part à Bagdad, de l'autre en Bosnie... » Mais depuis?

« On a pourtant fait des tentatives, risqué des sacrifices en matière de travaux publics, mais les abus ont été aussitôt si nombreux, si flagrants qu'il a été impossible de mettre complètement à profit un temps précieux et des circonstances propices. En outre, la question si importante de l'entretien permanent des grands travaux déjà existants et de ceux que l'on exécutait çà et là sur une moindre échelle, n'ayant pas été bien comprise, on en est arrivé à abandonner à leur sort les travaux une fois terminés. »

Si le Ministre des travaux publics indique de la sorte pourquoi la Turquie n'a pas de routes au XIXe siècle, il cherche du moins comment lui en donner et expose alors à la Sublime-Porte son projet de travaux publics.

Ce projet d'Hassan-Fehmi-Pacha était pour la Turquie d'Asie et notamment pour l'Anatolie un véritable plan Freycinet. Il embrassait tout: routes, chemins de fer, travaux dans les ports, dessèchements et irrigations. L'Asie Mineure n'avait que deux chemins de fer livrés véritablement à l'exploitation. L'un allait de Scutari à Ismidt et l'autre de Smyrne à Aïdin et à Alascheer avec prolongements d'Aïdin à Sarakiœ et d'Alascheer à Uschak, soit en tout 190 kilomètres de parcours. Hassan-Fehmi-Pacha traçait audacieusement une ligne d'Ismid à Bagdad, de la capitale d'aujourd'hui à celle d'hier. La locomotive devait traverser Eski-Cheir, Kutaieh, Afium Kara-Hissar, Konieh, Olou-Kichla, Alep et divers embranchements auraient réuni Angora à Eski-Cheir, Alascheer à Kara-Hissar, Ilguine à Aïdin, Erzeroum à Konieh, Diarbekir à Alep, Bassora à Ambar, enfin Homs à Tripoli.

La dépense totale était évaluée à près de cinquante-sept millions de livres turques dont les droits de circulation et de transit devaient payer la majeure partie. A cela il fallait joindre des travaux de canalisation et des aménagements de routes permettant de lutter avec la concurrence étrangère non seulement sur le terrain postal, mais encore en matière commerciale. Et l'habile rédacteur du rapport faisait ressortir tous les avantages économiques et financiers du projet proposé.

« Le crédit de l'Empire, sa force et sa puissance, disait-il, ne peuvent se rétablir qu'en mettant la plus grande ardeur à créer dans le plus bref délai un système complet de voies de communication sur toutes les parties du territoire; d'autre part, comme de bonnes routes sont encore indispensables au point de vue stratégique et constituent même à ce seul point de vue un élément de force et de puissance pour l'Etat, on peut dire que la sécurité publique, la protection des personnes et des biens, la bonne distribution de la justice, dépendent absolument d'un réseau de voies de communication qui permettent à l'Etat d'affirmer sa puissance à l'intérieur du pays en y assurant l'ordre et la paix et de repousser toute attaque ou toute ingérence de l'étranger. »

Qu'advint-il du rapport d'Hassan-Fehmi-Pacha ? Il fut enterré purement et simplement et on répondit à ce ministre, ami du progrès jusqu'à croire qu'il pourrait galvaniser le crédit, que le crédit était mort. Alors, les paysans d'Asie Mineure avisèrent ce fameux chemin de fer de Moudania à Brousse qui, après avoir coûté 238.491 fr. le kilomètre, attendait encore depuis 1875 le moment d'être livré à l'exploitation. Ils prirent les rails pour soutenir leurs maisons, emportèrent les traverses et détruisirent le ballast.

Le programme du ministre des travaux publics était resté un programme, et rien de plus. Que tenter avec une cour occupée de guerres européennes ou de révolutions de sérail et avec une population qui répondait aux hommes de progrès par cette maxime du Coran : « La hâte « est du Diable, la patience est de Dieu. »

Telle était la situation en 1881 et telle elle demeure en 1884. *Neh iapaïm* (que voulez-vous que j'y fasse), répond le fonctionnaire à l'Osmanli victime d'un abus, et alors navré de voir chacun, du mudir au muchir, du cadi au pacha, le dépouiller aussi effrontément, *manger* (c'est l'euphémisme dont on use en Turquie d'Asie pour dire *voler*) le produit des taxes avant même de les percevoir, l'Oriental s'abandonne au fatalisme et au découragement.

Un Français (1) en eut la preuve quand il entendit à Angora, Mehemet-Agha lui dire à propos d'Abd-ul-Aziz dont le récent avènement inspirait de grandes espérances :

« L'avenir de la Turquie ! mais c'est une folie. Si tu prends un morceau de bois desséché depuis longtemps, que tu le plantes en terre et que tu verses tout autour autant de seaux d'eau que tu voudras, reverdira-t-il ? — Non. — Eh bien ! voilà notre empire et ce qu'on peut espérer de lui. »

Tandis que l'Asie Mineure, fatiguée de réclamer à la Sublime-Porte des crédits introuvables (2), sommeille em-

---

(1) M. G. Perrot.
(2) Le Sultan ne saurait fournir un argent qu'on perçoit en son nom, mais qui ne lui parvient jamais. Le chiffre des impôts actuels suffirait certainement pour remédier à une situation aussi désastreuse et pour rétablir peu à peu l'équilibre du budget, si les comptables turcs étaient comme les nôtres soumis aux rigoureuses prescriptions d'un décret de 1862. Ainsi, dans la seule province de Smyrne, le produit des Douanes (*Gumrück*), de l'impôt foncier (*Emlakié*), des dîmes (*Aschar*), de l'exonération militaire (*Bedelié*), du sel (*Tus-remé*) et de quelques menues contributions connues sous le nom de *Roussoumat*, dépasse de 119.978.000 piastres — 26.082.175 francs — le chiffre des dépenses. Sur ces 26 millions combien entre-t-il de francs dans le Trésor public ? Je ne saurais le dire et le Ministre des finances du Sultan serait peut-être plus embarrassé que moi de répondre à la question.

7

bourbée dans l'ornière de ses propres routes, tandis qu'elle semble oublier dans le *Kief* oriental la tradition des Moawija, la Perse va de l'avant. Son réseau de routes commerciales, de voies postales et de lignes télégraphiques se complète chaque jour et la locomotive européenne lancera bientôt son appel strident de Trébizonde à Tauris, d'Ispahan à Abouchober.

En attendant, seize routes principales, dites routes du Shah, sillonnent les provinces et 5.134 kilomètres de lignes télégraphiques étendent leur réseau le long du golfe Persique dans les ports de Bouchir et de Bender-Abassi et dans l'intérieur de Tauris à Bouchir sur tout le parcours du télégraphe anglo-indien.

Téhéran est le centre des routes postales. Tandis que l'une va au N.-O. vers Tauris et la Russie, d'autres atteignent Hamadan et Bagdad, Astrabad et la frontière des Turkmènes, Meched et Herat. Vers le Sud, la ligne unique qui va de Téhéran à Ispahan se divise dans cette dernière ville en deux embranchements dont le premier gagne Chiraz et Bouchir, tandis que le second par Yezd et Kerman atteint, enfin, Bender-Abassi. Dans toutes ces directions galopent, à travers la poussière, les courriers persans réorganisés par M. Riederer. Hérodote a écrit des anciens messagers de Cyrus « qu'ils allaient plus vite « que les grues et n'avaient point leurs pareils sur « terre. » Puissent leurs successeurs actuels mériter un semblable éloge de la part de M. Dutemple, le jour où il publiera sa curieuse histoire de la Perse contemporaine.

En tout cas, leur succès s'affirme. Les bazars, dont le pouvoir est immense en Orient, ont enfin compris combien la nouvelle organisation leur était favorable, et dès lors, ils n'ont plus marchandé leur appui au conseiller viennois. C'est là une conversion, une révolution dans les idées qui a dû certainement bien étonner M. Hommaire de Hell. Shah Abbas, qui régnait lorsque l'envoyé du gouvernement français voyageait en Perse, était, ainsi que son premier ministre, l'ennemi déclaré des voies de communication, sous prétexte que des routes serviraient uniquement à faciliter une invasion étrangère. Cette idée d'un attentat possible contre les libertés de l'Iran était alors tellement ancrée dans les esprits, à la cour de Téhéran, qu'au moment où M. Hommaire de Hell voulut quitter la capitale pour visiter le Sud de la Perse, Hadji-Mirza lui dit aussitôt : « Je sais bien pourquoi vous allez à Chiraz et à Bender-Aboucheer; c'est pour reconnaître le pays au point de vue militaire et vous assurer par quelle ligne seraient possibles une invasion en Perse et la conquête de notre pays. »

Contrairement à d'aussi funestes pressentiments, la route n'a favorisé jusqu'à présent que l'extension du réseau postal et des relations commerciales dans ce pays où la caravane est, par excellence, le mode de transport pour les marchandises (1).

La voie fluviale elle-même va, prochainement, être mise au service du transport des dépêches grâce à la canalisation du Karoun.

Enfin, après le piéton, après le cavalier et après le batelier, la Perse va connaître ce bureau ambulant qui, toujours en marche et toujours en feu, jette depuis le 1ᵉʳ juillet 1845 son éclair à travers nos tunnels français.

D'après ce que nous venons de dire, le réseau de chemins de fer projeté en Perse, se relierait difficilement même aux voies ferrées respectées par les paysans de de l'Asie Mineure. Ce n'est que du côté de la mer Caspienne, en Transcaucasie ou dans les pays des Turkmènes que la locomotive persane pourra retrouver les lignes étrangères. Le tracé soumis à l'approbation du Shanishah met en communication Téhéran, d'une part avec Tiflis, par Kazwin et Tauris, et de l'autre, avec Bakou par Kazwin et Recht. Dans le cas où cette communication avec la Russie deviendrait insuffisante, on pourrait gagner, par Asterabad, la ligne de Mikhaïlowsk à Askabad qui est en pleine exploitation. Si du Nord de

_____

(1) Une statistique récente évalue à 160 millions le chiffre du commerce extérieur de la Perse : 85 millions pour l'exportation et 75 pour l'importation. La majeure partie se fait par caravanes avec le Turkestan, la Transcaucasie, la Turquie et, à travers l'Afghanistan, avec l'Inde et la Chine.

l'empire nous passons au Sud, nous ne trouvons en revanche aucun projet pour relier le Kerman ou le Mekran aux chemins de fer que les Anglais construisent à travers l'Inde, le Beloutchistan et l'Afghanistan, d'Haiderabad à Schikaepur, Haruaï et Candahar. Il ne faut point de plus se dissimuler que les hautes chaînes montagneuses qui sillonnent la Perse et l'altitude de sa capitale nécessiteront des travaux d'art difficiles et coûteux. Tout n'est du reste pas fini, en matière de voirie, et il faut avoir la route avant que de songer au chemin de fer. Quand la canalisation du Karoun sera achevée et qu'une large voie postale reliera Ispahan à Chouchter et à Hamadan, on pourra poser des rails le long des vallées du Demawend.

La Perse ne saurait, cependant, caresser la pensée de redevenir comme aux anciens âges la grande route aryenne, par laquelle se ruaient sur le monde ces conquérants que l'histoire nomme Alexandre, Gengis-Khan, Timour. Entre le Russe au Nord et l'Anglais au Sud, elle doit surveiller d'une façon jalouse son indépendance; mais croire que la route et la voie ferrée amèneront plus vite les soldats Européens à Téhéran, c'est là une erreur que les récentes campagnes doivent dissiper. Décidées à une conquête, les armées modernes se rappellent la tradition Grecque et Romaine et construisent elles-mêmes leurs routes d'invasion. La Tunisie et l'Égypte nous en montrent un exemple : le désert lui-même n'a pu arrêter la marche des Turcos et des Highlanders. De plus, les

Allemands auxquels le Shah a confié la réorganisation de l'armée persane ont écrit assez d'ouvrages tactiques sur la façon d'utiliser les voies ferrées dans une campagne pour montrer au souverain les avantages d'un réseau stratégique, venant porter en quelques heures troupes et munitions à l'entrée même de ces défilés dont la Perse est si fière.

Si l'on écarte ces quelques ombres, si l'on fait surtout à la superstition la place qu'elle occupe dans les mœurs de l'Orient, il faut, en présence des progrès réalisés, savoir gré au souverain actuel d'avoir réagi contre les tendances de l'ancienne Perse, d'avoir cherché à rendre à son pays la splendeur de sa civilisation sous les Califes.

L'avenir de la Perse est commercial avant que d'être militaire. L'armée ne sera à Téhéran que la gardienne de l'indépendance nationale et les victoires du Shanishah seront, avant tout, des triomphes économiques. N'est-ce point là, au surplus, l'idée même que Myr Davoud Zadour de Melik Schahnazar, l'un des prédécesseurs en France du général Nazare-Agha, exprimait déjà, vers 1818, en ces termes pittoresques :

« Seuls les fils de l'Iran sont capables de préserver l'Asie de l'asservissement dont les peuples de l'Europe la menacent. C'est aux Persans qu'est réservée, peut-être, la gloire de protéger la Turquie contre les attaques de l'Occident et d'ouvrir une voie nouvelle au commerce de l'Asie. Leurs puissants et infatigables chameaux, ces *na-*

vires du désert, formeraient les flottes de terre ferme capables de rivaliser avec succès contre les flottes marchandes de l'Europe ; alors les productions de Kaschmyr, du haut Hindoustan et du Thibet suivraient une direction qui porterait la Perse, la Russie et la Turquie au plus haut degré de prospérité. »

Dans l'accomplissement de ce programme commercial, Nasser-Eddin n'a point oublié la Poste, qui doit à ce prince éclairé la place qu'elle occupera dans l'histoire de la civilisation en Perse sous la dynastie des Kadjars. Après avoir suivi et secondé les commencements toujours difficiles de l'œuvre du Conseiller autrichien, le Shanishah a compris que si l'institution nouvelle avait favorisé les rapports de négoce ou d'affection à l'intérieur de son empire, elle pourrait l'aider puissamment à développer à l'extérieur l'influence persane, à faire mieux connaître à l'étranger ce vaillant pays appelé déjà sous Napoléon Ier *la France d'Asie*. La faveur accordée à l'administration des Postes Persanes et les distinctions conférées à son directeur infatigable M. Riederer prouvent en outre que si le Shah appréciait les facilités ainsi offertes aux relations industrielles de son empire, il se souvenait aussi et surtout de la dernière parole du calife Mansour à son fils : « Sois l'ami de ton maître de poste, car c'est par lui qu'on saura que grande est ta puissance et qu'obéis sont tes commandements. »

INDEX

DES OUVRAGES A CONSULTER

ABILFEDÆ. — Annales Moslemici, éd. Reiske, Leipsig, MDCCIII.

ARCHIVEN für Post und Telegraphie. Berlin.

ATLAS MANUEL. Paris, Hachette et comp.

G. BONVALOT. — De Moscou en Bactriane. Plon, 1884.

J. DIEULAFOY. — Voyages en Perse. Tour du monde, 1883-84.

DEUTSCHE Handels Archiven. Berlin.

O'DONOVAN. — The Merw Oasis.

ED. DUTEMPLE. — En Asie Mineure. Paris, Charpentier.

DUNCKER. — Geschichte des Alterthums.

EL MASUDI's Historical encyclopœdia, entitled « Meadows of Gold and Mines of Gems ». translated from the arabic by Aloys Sprenger. London, MDCCCXLI.

« Les Prairies d'or », texte et traduction par C. Barbier de Maynard et Pavet de Courteilles.

GÉNÉRAL FERRIER. — Voyage en Perse. Paris, Dentu.
COMTE DE GOBINEAU. — Histoire des Perses. Paris.
— Trois ans en Asie. Paris.
IBN KHORDADBEH.—Le Livre des routes et des provinces (publié, traduit et annoté par C. Barbier de Maynard, Journal asiatique, série 6, t. V).
FRANZ ILWOLF. — Das Postwesen.
ITER PERSICUM ou Description du voyage en Perse entrepris en 1602 par Etienne Karasch de Zalontemeny. Relation allemande de G. TECTANDER VON DER JABEL. Paris, Leroux.
JURIEN DE LA GRAVIÈRE. — Les campagnes d'Alexandre. Paris, Plon.
A. VON KREMER. — Kulturgeschichte des Orients unter den Khalifen. Wien, 1875.
MYR DAVOUD ZADOUR DE MELIK SCHAHNAZAR.—Notice sur l'état actuel de la Perse. Paris, 1818.
POLAK. — Persien : das Land und seine Bewohner.
REINAUD. — Géographie d'Aboulfeda. Paris, MDCCCXLVIII.
E. RECLUS. — Géographie universelle.
CH. DE SCHERZER, consul d'Autriche. — La Province de Smyrne. Wien, Alfred Hœlder, 1873.
CARLA SERENA. — Hommes et choses de la Perse. Paris, Charpentier.
PRINCE ALEXIS SOLTYKOFF. — Voyages dans l'Inde et en Perse. Paris, 1853.
SPRENGER. — Die Post-und Reiserouten des Orients in den

Abhandlungen für die Kunde des Morgenlandes, herausgegeben von der deutschen morgenlœndischen Gesellschaft. Leipsig, 1864.

STEPHAN. — Verkehrsleben im Alterthum.

— — im Mittelalter in von Raumer's historischen Taschenbuch. B. 9 und 10.

STIELER. — Hand-Atlas. Justus Perthes.

J. B. TAVERNIER, écuyer, baron d'Auborne (les 6 voyages de). Paris, Pierre Ribou, 1713.

UNION POSTALE (L'). — Revue internationale. Berne.

VIEBAN. — Zur Geschichte des Postwesens, deutsche Vierteljahrschrift, 1858.

WEIL. — Geschichte der Khalifen.

P. ZACCONE. — La Poste anecdotique et pittoresque. Faure, Paris.

CARTE DES COMMUNICATIONS POSTALES ET TÉLÉGRAPHIQUES DANS L'ASIE ANTÉRIEURE,

D'après les documents officiels les plus récents.

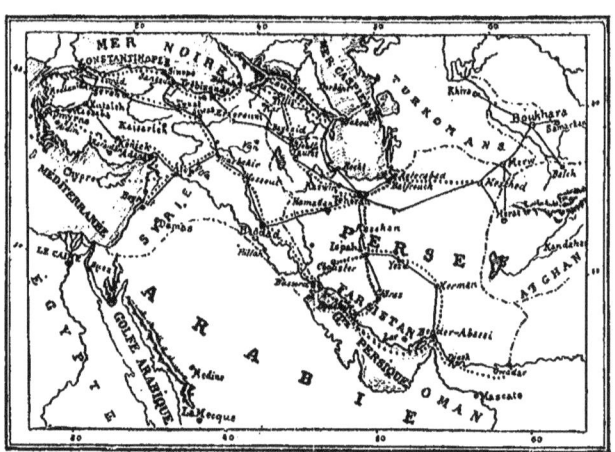

(Le trait continu indique les voies postales et le pointillé désigne le réseau télégraphique.)

TABLE DES MATIÈRES

CHAPITRE PREMIER.

La Poste et ses historiens. — Une lacune. — Comment elle a été comblée en Allemagne. — Alexandre le Grand et M. Jurien de la Gravière. — Les courriers de Macédoine. — M. K. Thieme et les *Archiven*. — La Poste des Califes. 5

CHAPITRE II.

Géographes arabes. — La Poste en 724. — De Bagdad à Samarcande et à la Mecque. — Caravanes et relais. — La route arabe et la voie romaine. — *Baryd* et *Cursus Publicus*. — Comment la femme d'Aroun-al-Raschid faisait mieux que conter des histoires à son époux. — La Hollande en Mésopotamie. — La Poste en bateau. — Importance des stations. — Bibars et Mansour. — Les *moraltabuns*. 11

CHAPITRE III.

Double attribution de la Poste arabe. — Contrôle financier, police politique. — *Mowaqquioun* et *Farwanequioun*. — Un poète gênant. — Corruption orientale. — Une histoire de harem. — La chancellerie de Bagdad. — Part et lettre d'avis. — Poste romaine et Poste arabe. — Le budget de a Poste.................................. 39

CHAPITRE IV.

Charlemagne et Bibars. — Les routes de l'Asie Mineure et le géographe Kiepert. — La Poste-Janus. — Le service indigène. — Brigands et Surudji. — Les services européens. — Les Échelles du Levant. — Smyrne et ses six bureaux de poste : ce qu'on entend dans l'un d'eux. — Le Lloyd et les Messageries Maritimes. — Le Katyrschi. — Réforme de 1882. — Les révélations de la statistique. — Trafic indigène et trafic européen. — La question des tarifs. — Le convoi de la Poste turque. — Zaptiés et Tartares. — M. Ed. Dutemple.................. 54

CHAPITRE V.

La Perse de Nasser-Eddin. — Le Babysme. — Les chassepots français à Téhéran. — Les Tschaparskhanéen et le monopole. — Le batchich. — Misère des Goulams et Najebs : ses conséquences. — Les relais. — M. Riederer et sa mission. — *Kebouter ba Kebouter*... — Une aventure de M. de Ujfalvy. — *L'Istekhara*. — Les voies nouvelles. — La route du Caucase. — Comment la Boukharie imite l'œuvre de M. Riederer. — Le bâton inspecteur des finances..................................... 73

CHAPITRE VI.

Perse et Turquie d'Asie. — Le réseau des Califes et le réseau du Sultan. — La capitale se déplace, la Poste suit. — Une administration que l'Europe n'envie pas. — Pachas et réformes. — Les ministres passent, les pachas restent. — La pléthore du budget et le vide du Trésor. — Hassan-Fehmi-Pacha. — Un plan Freycinet : « Les Turcs épargneront en dépensant beaucoup. » — Voies ferrées de la Turquie d'Asie. — De Moudania à Brousse : la Ligue *Benoiton*. — L'on croyait faire un chemin de fer et c'est une maison qu'on bâtit. — Fatalisme, *Kief* et déficit. — La Poste et le Télégraphe à Téhéran. — « Plus vite que les grues. » — Les bazars. — Shah Abbas et les routes. — La peur de l'invasion. — Les bureaux ambulants. — La question des chemins de fer au point de vue stratégique. — Nasser-Eddin et le progrès. — La dernière parole de Mansour., ... 91

Index des ouvrages à consulter. 105

PARIS. — IMPRIMERIE DE Mme Ve TREMBLAY, RUE DE L'ÉPERON, 5.

www.ingramcontent.com/pod-product-compliance
Lightning Source LLC
Chambersburg PA
CBHW070526100426
42743CB00010B/1970